애견 돌보기

애견 돌보기

지은이 | 편집부 엮음
펴낸이 | 이범만
펴낸곳 | 21세기사

초판 1쇄 인쇄 | 2004년 8월 10일
초판 1쇄 발행 | 2004년 8월 20일

등록 | 제6-255호
주소 | 413-834 경기도 파주시 교하읍 산남리 283-10
전화 | 031-942-7861   팩스 | 031-942-7864
홈페이지 | www. 21cbook.co.kr

ISBN | 89-8468-133-4 93420

애견 돌보기

편집부 엮음

21세기사

목차 >>

개를 사랑하는 모든 사람들을 위하여

이 책은 단순한 애견가뿐만 아니라 애견에 대해 연구하려는 모든 사람들의 처음 입문을 위한 친절한 애견 가이드로 만들고자 하였다.

개는 오랜 세월 동안 인간과 더불어 살아오면서 더없이 훌륭한 반려동물로 우리 곁을 지켜왔다. 굳이 애견가가 아니더라도 누구라도 독특한 개성과 영리한 두뇌, 그리고 따뜻한 품성을 겸비한 이 다재다능하고 귀여운 동물을 사랑하지 않을 수 없을 것이다.

우리는 이 책 속에서 사진을 통해 전 세계를 대표하는 다양한 견종을 소개하는 것과 더불어 실제로 개를 키울 때 꼭 알아야 할 실용적인 지침 등을 구체적으로 설명하려고 하였다.

개를 선택하는 방법부터 개를 키울 때 꼭 알아야 할 사항까지 일일이 설명하고 개의 잠자리와 침구, 개를 키우는 집 안의 시설과 안전장치, 영양 섭취, 털 손질과 몸단장에 관한 내용은 물론 보다 전문적인 분야인 길들이기와 번식, 훈련과 건강관리, 기본적인 응급 처치 요령까지 개를 키우는 데 중요한 정보를 아주 구체적으로 다루었다. 이렇게 다양한 정보는 단계별로 사진과 함께 설명되어 있어 초보자들도 쉽게 이해할 수 있도록 했다.

책 사이사이에 삽입된 견종에 대한 사진과 간략한 내용은 세계에 분포하고 있는 다양한 혈통의 개를 폭넓게 소개한 일종의 백과사전이라고 하겠다. 다양한 견종의 모습을 담은 사진마다 전문가의 설명이 함께 곁들여져 있어 자신과 가족에게 꼭 어울리는 개를 선택하고 싶은 사람, 그리고 개의 종류와 혈통에 관심 있는 사람들의 욕구를 충분히 만족시키는 완벽한 애견 가이드가 될 것이다.

개의 행복은 사람과 더불어 살아가야만 얻을 수 있으며, 보호해줄 주인이 없으면 행복이 이루어질 수 없다. 즉 현대사회에서 개는 사람이 모든 것을 책임져야 할 동물이다. 그리고 개한테 행복이란 것은 식사나 산책을 시켜주는 것만이 아니라 깊은 신뢰관계로 맺어진 주인과 함께 지내면서 명령에 따르고, 기뻐하고, 인정받는 것이 행복일 것이다.

개가 행복하게 살아갈 수 있는지의 여부는 주인인 사람의 몫이다. 이것을 명심하고 반려동물의 마음과 행동을 헤아려 사람과 함께 즐겁고 행복한 삶을 살아갔으면 하는 바람이다.

1. 서론

머리말

　"당신은 이 영리한 동물을 훌륭하게 키워야 합니다." 찰스 디킨스의 '피그위크 페이퍼'(Pickwick Papers)라는 소설에서 윙클이 피그위크에게 하는 말이다. 이 말은 개에 대해 이야기 할 때 오랫동안 수많은 사람들 사이에서 회자되던 것으로 '개는 인간의 좋은 친구' 라는 말은 이제는 진부한 소리로 들릴 정도이다. 인간과 개는 여러 면에서 공생관계에 있다. 사람들은 개를 애완용으로 기르고 개와 사람은 서로 친구가 되기도 하고 보호자가 되기도 하며 조건 없는 사랑을 주고받기도 한다. 인간과 개는 아주 오랫동안 독특한 관계를 발전시켜 왔다. 인간에게 개를 기르는 것은 권리이자 책임이지만 개는 실질적인 사랑과 보호와 존경으로 인간에게 헌신한다. 개는 인간에게 수천 년 동안 의지해 왔고 또 보호해 왔다. 그러므로 인간은 최소한 이에 대한 보답으로라도 개를 행복하고 만족시켜 주어야 할 것이다.

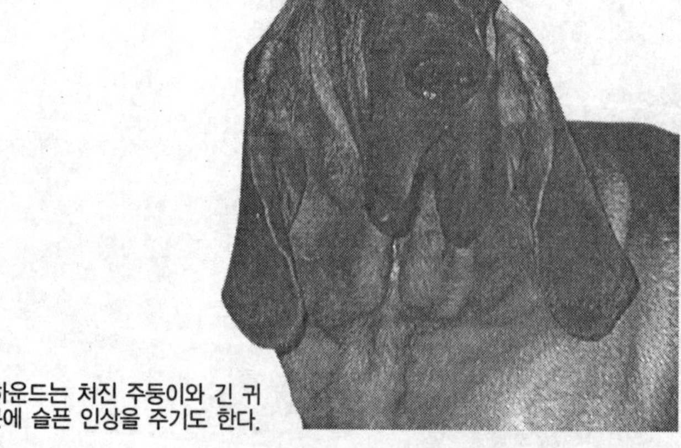

블러드하운드는 처진 주둥이와 긴 귀
때문에 슬픈 인상을 주기도 한다.

현존하는 개의 종류는 400종이 넘고 이것은 거의 인간의 인위적 교배의 결과이다. 개는 인간이 원하는 대로 교배되었고 그래서 그들의 재능과 특질에 따라 다양한 모습으로 나타났다. 얌전하고 조용한 세인트 버나드는 산악구조견으로 훈련되었고 블러드하운드, 레브라도 리트리버, 독일 셰퍼드는 특출한 후각 때문에 마약탐지견으로 이용된다. 한편으로는 다양한 교배로 주인에게 무제한적인 애정과 헌신을 하는 견종들이 나타났다. 개는 고양이와 마찬가지로 지구상에서 가장 흔한 가축의 하나이다.

대부분의 사람들은 살아있는 생물을 기르고자 하는 본능을 가지고 있는데 그중 많은 사람들이 개를 기름으로서 이 본능을 충족시키고 있다. 개는 집단생활을 하는 동물로 자기들이 집단의 리더로-일반적으로 주인-인정하는 사람에게 순종한다.

개는 원래 따듯한 잠자리와 안정된 먹이 그리고 주어진 작은 영역에 대해 감사하는 단순한 동물이다. 그들은 무조건적인 충성을 나타내며

아주 크고 튼튼한 세인트 버나드는 넓은 공간을 필요로 한다.

예민하고 얌전한 라브라도는 인기있는 가정견이다.

개에게 다른 애완동물을 접촉시키고 있다.

독일 셰퍼드는 전 세계에 제일 많이 퍼져있는 견종의 하나이다.

주인을 비난하지 않는다. 사람에게 이렇게 상냥한 사람은 아마 거의 없을 것이다.

행복하고 건강한 개를 기른다는 것은 보람 있는 일이지만 적절한 관리가 필요하다. 이 책은 개의 특정한 행동을 설명하고 어떻게 하면 개를 가능한한 건강하게 기를 수 있으며 잘 준비된 사육장에서라도 생길지 모르는 여러 가지 문제에 대한 해결책을 제시하기 위해 개를 일상적으로 관리하는 자세한 방법을 소개한다.

개는 수세기 동안 예술작품으로 남겨져서 전해왔다.

개의 기원

　개의 조상에 관해서 살펴보는 것이 개를 관리하는 것과 밀접한 관련은 없을지 모르지만 개의 진화에 대한 연구는 개의 다양한 행동에 대한 궁금증을 푸는데 많은 도움을 준다. 지구상에 존재하는 모든 동물 중 가축이건 야생동물이건 간에 개만큼 다양한 종류는 없을 것이다. 크기로는 70kg의 세인트 버나드에서 2.5kg의 치와와까지, 생김새로 보면 털북숭이에서 땋은 머리 스타일, 털이 하나도 없는 스타일까지 다양하고, 아이리쉬 울프하운드는 유난히 다리가 긴 반면에 닥스훈트는 몸통이 거의 땅에 붙은 것처럼 다리가 짧다.

세인트 버나드와 치와와는 크기 면에서 아주 대조적이다.

개는 늑대의 후손으로 구석기 시대에 길들여졌다.

개과 동물은 35종이 있고 14개 속으로 나누어지며 개(Canis familiaris), 늑대(Canis lupus), 14종류의 여우, 4종류의 자칼이 여기에 속한다. 이들은 전 세계 거의 모든 지역에서 서식하고 적응력이 뛰어나며 열대우림 지대에서 얼어붙은 북부 산림지대까지, 사막에서 툰드라지대까지 폭넓은 지역에 서식하고 있다.

화석으로 보면 개는 6천만 년 전쯤에 살았던 미아키스(miacis)라고 부르는 족제비 비슷하게 생긴 작은 포유동물에서 진화했다. 첫번째 개의 조상은 미아키스(Miacis)에서 진화한 사이노딕티스(Cynodictis)로 4천만 년 전에서 3천만 년 전 사이의 중신세(Miocene) 기간에 나타났다. 이들은 중간 크기의 동물들로 긴 꼬리와 두꺼운 털 코트를 입고 있어서 키보다 몸길이가 더 길었다. 사이노딕티스(Cynodictis)는 두 갈래의 후손이 있었는데 아프리카에서 발견된 사이노데스무스(Cynodesmus)와 유라시아 대륙에서 발견된 토마크투스(Tomarctus)로 이들은 늑대와 개와 여우의 조상이다.

이렇게 다양한 동물들이 하나의 조상에서 진화했다고는 믿기 어렵다. 찰스 다윈은 엄청나게 많은 개의 종류에 압도되어서 두 종류의 야생동물인 늑대(Canis lupus)와 자칼(Canis aureus)이 상호 교잡되어서 현재의 개가 되었다는 이론을 발표했다. 최근까지 전문가들은 개는 늑대의 후손일거라고 믿어 왔다. 골격 특히 두개골과 이빨의 골격은 늑대와 거의 흡사하고 행동양식은 이런 증거를 더 강화시켰다. 한 연구에서는 개의 90가지의 행동의 특징을 기록했는데 19가지를 제외하고는 늑대의 특징과 비슷했다. 반대로 개와 닮지 않은 늑대의 행동양식은 개에게서는 거의 관찰되지 않는 사냥과 관련된 것들이었다. 개와 늑대를 교배하면 보통 생식 불가능한 새끼가 나온다. 이 점은 개와 늑대가 같은 과의 다른 종이라는 것을 강하게 암시한다.

늑대가 처음으로 길들여진 시기는 석기시대, 좀더 정확히 말하면 구석기시대, 그러니까 만 사천 년 전쯤인 것 같다. 고고학적 유물에 나타난 구석기시대의 개의 턱뼈 조각은 당시의 개는 늑대와 비교해서 턱이 더 짧다는 것을 보여주는데 이것은 먹이의 변화가 일으킨 진화의 결과일 것이다. 인간은 매일 사냥을 하고 먹을 것을 구하러 다니면서 살았는데 늑대의 사냥기술을 보고 그 기술을 이용하려고 늑대를 길들였던 것 같다.

개와 늑대는 비슷한 행동 특징이 아주 많다.

그러나 인간과 늑대 그리고 그 후손인 개의 관계는 우연이라는 것이 더 설득력이 있다. 구석기 사람들도 그들의 후손인 현대의 사람들과 마찬가지로 작고 귀여운 동물들을 좋아해서 늑대의 새끼를 애완용으로 길렀을 것이다. 개처럼 태어난 지 3주에서 6주사이의 늑대의 새끼도 사람들이 데려다 기르게 되면 주인에게 많은 애정을 보인다.

구석기 시대의 인간과 늑대는 비슷한 습성을 많이 가지고 있었다. 둘 다 주로 낮에 사냥하고 먹을 것을 구했다. 늑대는 아주 영리한 동물이어서 감성적으로 반응하고 몸짓이나 태도 얼굴표정을 변화시켜서 여러 가지 다양한 의사를 인간에게 전달할 수 있었다. 인간들도 늑대와 비슷하게 많은 비음성 언어를 사용해서 의사를 전달하므로 구석기 사람들은 그들이 기르게 된 늑대와 서로 교감할 수 있었다. 인간과 늑대 둘 다 집단생활을 한다. 구석기 사람들은

10~12명의 가족과 같이 살면서 협동적 사냥에 의존해 생존했는데 늑대도 이와 마찬가지였다.

늑대는 인간과 습성이나 필요로 하는 것들이 비슷한데 이는 작고 귀여운 동물을 보호하려는 본능이 있는 인간과 어우러져서 길들여지게 된 것이다. 늑대와 인간은 가까워지면서 상호간에 이해의 폭을 넓혀왔다. 늑대는 인간에 대해 더 상냥하고 온화한 습성을 가지게 되었고 인간의 명령을 잘 따르게 되었으며 인간은 늑대를 이용해서 사냥에 도움을 받고 집을 지키게 했다.

기후가 바뀌고 인간들이 유목보다는 정착생활을 하게 되면서 이것이 늑대 길들이기에 중요한 요소가 되었다. 늑대새끼들은 생후 4~5개월이 될 때까지 어미에게 의존한다. 새끼들은 굴속에서 살고 어미는 낮 동안 먹을 것을 찾아서 나갔다가 돌아온다. 그러므로 유목생활은 늑대에게는 맞지 않는 것인데 인간이 유목생활을 끝내고 정착생활을 하게 되는 만 사천 년 전쯤에 늑대 길들이기가 나타난 이유는 바로 이것이었다.

인간과 마찬가지로 늑대도 새끼들을 기르는데 이 습성이 늑대를 길들이게 되는 중요한 요인이 되었다.

마스티프는 아주 오래된 견 종이다.

그렇다면 어떻게 길들여진 늑대가 현재 존재하는 것처럼 다양한 종류의 개로 발전할 수 있었을까. 해답은 아주 간단하다. 바로 교배인 것이다. 여기저기 돌아다니면서 다양한 유전적 특질을 가진 배우자와 짝짓기를 할 기회가 없는 길들여진 늑대들은 작고 폐쇄적인 사회에 살면서 근친 교배만이 가능했다. 인간이 유용한 특질을 가진 늑대들을 좋아하고 바람직하지 않은 특질을 가진 늑대들을 죽이거나 쫓아버리면서 다양한 종류의 개를 만들어내게 된 것이다. 어떤 사람들은 작은 개들을 좋아하고 또 어떤 사람들은 큰 개를 좋아하고 어떤 마을에서는 털이 긴 개를 좋아하고 다른 마을에서는 털이 짧은 개를 좋아해서 많은 세대를 거치면서 점차 지방에 따라 다양한 종류의 개들이 나타났고 이것은 그 지역의 독특한 문화를 나타내는 산물이 되었다.

사람들이 영구적인 정착생활을 하게 되고 이런 생활로 인해서 상대적으로 번영하고 안전하게 된 사람들은 개를 단순히 일을 시키려는 목적에서 벗어나

긴 다리의 우아한 모습이 특징인 살루키는 중동이 원산지이다.

친구로서 기를 수 있는 여유가 생기게 되었다. 사람들이 단순히 특별한 생김새나 특질을 좋아해서 개를 기를 수 있다는 것을 알게 된 다음부터 개에 관한 사업이 나타나기 시작했다.

사람들이 각각 다른 목적으로 개를 교배시켰다는 것은 고대 앗시리아나 바빌론, 이집트에서 발견된 개에 관한 그림을 보면 분명해진다. 기원전 4000년경의 프레스코화나 벽화에 나타난 동물들이 그레이하운드, 살루키, 마스티프라는 것을 알 수 있는데 이것은 개를 각각 다른 목적으로 교배했음을 나타내는 증거이다. 잉글랜드 Wiltshire에 있는 Avebury 동굴 유적에서 작고 다리가 길며 등이 짧은 마스티프가 보이는데 이것은 현재의 마스티프와는 완전히 다른 것이다. 이 유적은 또 인간이 개를 아주 좋아해서 죽어서도 가까이 했다는 증거이기도 하다.

일하는 개

인간은 여러 가지 작업에 적합한 다양한 종류의 개를 교배해서 만들어내기 시작했다. 개들은 또한 보기 좋거나 흥미롭고 진기한 육체적 특징을 나타내기 위해서 교배되기도 했다. 또 사람들은 같은 개들이나 곰이나 황소 같은 다른 동물들과 싸우게 하기 위해서, 공격성을 높여 싸움을 잘하는 개를 만들어내기 위해서 노력했다. 찰스 다윈은 그의 저서 '종의 기원'에서 유전적 특질을 향상시키는 교배의 원칙을 이렇게 설명했다.

"그러므로 불독과의 교배는 많은 세대 동안 그레이하운드에게 용기와 고집이라는 영향을 준 것으로 알려진다. 그리고 그레이하운드와의 교배는 모든 목축견들에게 토끼를 사냥하는 습성을 가져다주었다. 이런 본능들은 비슷한 다른 본능과 교잡했을 때 서로 잘 섞이게 되어 오랫동안 양쪽의 본능에 영향을 남긴다."

험상궂게 보이는 모습과는 달리 불독은 아주 성격이 좋다.

사냥개

늘대와 인간은 비슷한 것들을 사냥한다. 그래서 구석기인은 늘대를 따라가서 늘대가 사냥감을 잡았을 때 가로채기를 좋아했다. 오늘날에도 호주 원주민들은 이런 방법으로 사냥을 하지만 그러나 이 방법은 시간이 많이 걸리고 운이나 기회에 사냥의 성공이 좌우되는 방법이었다.

보르조이는 러시아의 늘대 사냥개이다.

개가 인간의 사냥에 도움을 주었다는 최초의 증거는 오늘날에도 아프리카에서 사냥개로 많이 사육되는 근대의 바센지 종으로 보이는 유적과 벽화가 있는 고대 이집트에서 나타난다. 고대 이집트인들이나 그 조상들은 사냥을 할 때 개를 이용했던 것이 확실하다. 그리고 사냥감을 발견하고 가져오는 개의 특출난 능력은 점점 더 중요하게 되었다.

디어하운드는 스코틀랜드가 원산지이다.

개는 오랫동안 인간이 사냥할 때 같이 다녔고 이는 자연적 습성이기 때문에 일부러 훈련을 할 필요도 없었다. 사냥을 오락으로 한 것은 고대 중국, 인도, 페르시아, 이집트에서 귀족들에 의해서 시작되어서 중세 유럽의 각지에 널리 퍼졌다. 영국에서는 논란의 대상이 되긴 하지만 오늘날에도 인기를 끌고 있다.

라브라도 레트리버는 훈련시키기가 쉽다.

개는 아주 예민한 후각으로 사냥감을 추적해서 사람이 잡을 수 있도록 돕는다. 개를 이용한 사냥기술은 인간이 어떤 무기를 사용하는가에 따라서 발전하고 변화해 왔다. 예를 들어 총의 도입으로 개는 잡은 사냥감을 다시 가져오는 기술을 훈련받게 되었다.

영리한 독일 쉐퍼드는 경비견으로 이용하기 좋다.

추적견

개는 인간보다 훨씬 예민한 후각을 가지고 있다. 구조견은 땅에서 냄새를 추적하도록 훈련받고 다른 추적견들은 공기 중의 냄새를 추적하도록 훈련받는다. 레트리버나 포인터 같은 사냥개들은 단지 새를 추적하는 정도가 아니라 새의 형태까지 구별할 수 있다. 블러드하운드는 전형적인 탐지견으로 몇 시간 동안 끈질기게 흔적을 찾아다닌다. 적십자는 아직도 전쟁터나 재난지역에서 부상한 사람들을 찾기 위해 개를 이용한다. 최근에는 독일 쉐퍼드나 라브라도 레트리버 같은 개들은 마약이나 폭발물을 탐지하고 실종자를 추적하도록 훈련되었는데 종종 상당한 실적을 올린다.

경비견

개의 집단정신은 집단 소속원 외의 이방인을-사람이건 아니건 간에-감지하게 되면 집단의 다른 구성원에게 알린다. 개는 놀라거나 흥분하게 되면 짖게 되는데 경비견은 아주 극도로 놀란 경우를 제외하면 짖지 않는다는 점에서 일반개와 다르다.

달마시안은 활력 있고 다정하다.

도베르만은 뛰어난 경비견이다.

　바빌론의 그림에서 보면 마스티프가 죄수를 지키는 그림이 많다. 이들은 "죄의 추방자" "망설이지 않는 자" 같은 별명으로 불려졌다고 하는데 사납게 생긴 개를 권투선수의 이름을 따서 "타이슨"이라고 짓는 요즘과 별로 다르지

튼튼한 로트바일러는 용감한 경비견이다.

토이 푸들은 영리하고 수명이 길다.

않다. 달리기를 잘하는 개의 자연적인 능력을 이용해서 사람들은 18세기에서 19세기 동안 개를 마차견으로 이용했는데 이것은 마차와 함께 달리다가 마차가 정지하면 여행자들을 보호하는 역할을 하는 것이다.

200년 전에 달마시안은 이런 목적으로 교배되었는데 그 까만 점들이 어두운 곳이나 밤에도 잘 보여서 마차를 탓을 때나 내렸을 때나 눈에 잘 뜨였다.

경비견으로서 개의 가치는 꾸준하다. 많은 나라의 경찰이 뛰어난 순찰견인 도베르만이나 독일 쉐퍼드를 가지고 있는데 이개는 범인을 지키고 공격하며 경찰관이 올 때까지 범인을 꼼짝 못하게 해서 체포하게 할 수 있다.

잘 훈련된 개는 경찰이나 교도소 같은 많은 사람들을 통제해야 하는 기관에서는 꼭 필요하다. 그들은 공항 같은 넓은 장소를 경비하는데 아주 유용하다. 왜냐하면 그들은 아주 빠르고 민첩해서 어디든지 접근할 수 있고 후각과 청각은 인간보다 훨씬 뛰어나기 때문이다.

에어데일은 제일 큰 테리어 종이다.

많이 볼 수 있는 브라이어드는 프랑스 목축견이다.

군견

개는 전쟁 시 아주 다양한 분야에서 활동한다. 인간의 인간에 대한 비인간성은 역사적으로 분명하고 이런 비인간성이 인간의 가장 절친한 동물인 개에게도 가해졌다는 것은 놀랄 일이 아니다. 개의 보호하고 지키는 자연적인 본능은 대형견을 통해 이용되었고 더 사나운 개들은 적군을 괴롭히고 아군을 보호하는 군견으로 이용되었다. 펠로폰네소스 전쟁(B.C 431-404) 때 소터(Sorter)라는 이름의 개가 적이 기습한 때 코린트 병사들에게 짖어서 알려주었고 후에 시민들이 이 충성스런 개의 비석을 세웠다.

티베탄 마스티프는 사나운 가축 지킴이이다.

스페인의 정복자들은 원주민을 위협하고 쫓기 위해서 마스티프를 데리고 다녔다. 개들은 많은 군 작전에서 결정적인 역할을 했는데 밀림에서 적의 매복을 알아내기도 했다. 1493년 이전에 스페인에 의해서 처음 사용된 군견은 놀라운 효과를 입증했다. 이중 가장 유명한 개는 Becerrillo(작은 송아지)로 많은 적을 죽여서 그의 주인인 후안 퐁 데 레옹이 더 많은 전리품을 얻기까지 했다. 헤르난도 코르테스 같은 다른 정복자는 죄수들을 개들에게 던져서 사형을 집행했다. 개들은 다양한 전쟁 임무를 수행하도록 훈련되었다. 예를 들어 2차 대전 당시 소련군은 개의 등에 대전차지뢰를 매달아서 독일군의 전차를 폭파하도록 훈련시켰으나 불행하게도 개들은 소련군의 전차를 보고 훈련을 했기 때문에 전쟁터에 풀어놓자 소련군의 전차로 달려들었다.

목축견

개는 초기부터 소나 양을 지키는데 사용되었다. 기원전 5000년 경의 수메르 그림에 보면 개의 머리를 한 여신인 "바우"는 양떼의 수호신으로 묘사되고 있다. 이 여신의 이름은 개의 짖는 소리를 따서 지어진 것일 것이다. 초기의 양치기 개는 양들을 모는 능력보다는 천적과 도둑으로부터 양을 보호하는 용맹함이 더 가치가 있었을 것이다. 기원전 1000년경에 유명한 작가인 마르쿠

대형 슈나우저는 목축견이다.

스 타렌티우스 바로는 그의 'De Re Rustica'에서 이렇게 적고 있다. "개는 두 종류가 있다 하나는 야생동물을 사냥하는 사냥개이고 다른 하나는 양치기가 사용하는 지키는 목적으로 사용하는 개이다"

양치기 개는 지리적인 위치에 따라 전 세계에 다양하게 분포되어 있다. 왜냐하면 그들은 모든 다른 지형에서 다른 동물을 다루어야 하기 때문이다. 양치기 개는 특정한 지역의 목적에 맞게 교잡한 그 지역 고유의 산물이다. 티베탄 마스티프, 헝가리의 쿠바스, 피레니언 마운틴 독, 같은 가축을 지키는 고대 견종들은 아직도 유럽과 아시아에서 제 역할을 하고 있다. 이들 중에 어떤 것도, 양을 모는 데는 올드 잉글리쉬 쉽독처럼 믿음직해 보이지는 않는다. 대부분의 유럽의 양치기 개들보다 작은 콜리는 영국에서 가장 일반적으로 사용하는 개이다. 특히 아주 지능이 높은 보더 콜리는 사촌인 러프 콜리(1950년대에 래시라는 이름으로 영화에 출연한 견종)의 뒤를 이었다.

일반적인 양치기 개는 생후 6개월이 지나서 훈련을 시작하는데 이개들은 실제 양을 몰기 전에 양과 친해지는 훈련을 먼저 받는다.

거칠고 튼튼한 켈피는 호주의 양치기 개이다.

올드 잉글리쉬 쉽독은 목장에서 양과 소를 몰기보다는 시장에서 모는 일이 더 많다. 호주에는 켈피가 있는데 정열적으로 일하고 거친 지형과 모진 기후에도 견딜 수 있게끔 강인하다.

노동의 시대

많은 개들이 주인을 기쁘게 하려는 욕망을 나타내고 이 욕망은 개들을 여러가지 일을 시키는데 이용되었다. 'Comforters'는 사람이 안고 다니는 작은 애완견으로 한때는 이와 벼룩을 주인에게 옮기기도 했다. 반면에 'Turnspits'는 불 위의 커다란 바베큐를 돌리도록 훈련된 개였다. 그러나 사회가 변하는 대로 개의 이용도 변하지만 오늘날 경비견, 탐지견, 사역견들은 필수불가결한 존재이다.

자동차의 등장은 화물이나 사람의 수송을 위한 개의 이용을 줄였지만 아직도 세계의 어떤 지역에서는 예컨대 북아메리카의 이누잇 같은 사람들에 의해서는 그런 목적으로 개가 이용되고 있다. 그들은 전통적으로 썰매를 끄는데 개를 이용한다. 뾰족한 주둥이와 넓은 두개골, 삼각형의 뾰족한 귀가 특징인 시베리안 허스키 같은 썰매를 끄는 개는 강인한 몸과 두텁고 거친 털가죽을 가지고 있다. 북극의 척박한 환경에서 허스키들이 극한의 추위에 고장을 일으키는 기계적인 수송 수단보다 더 믿음직하다는 것은 여러번 증명되었다.

개들을 통제하고 특정한 사회계층이 개들을 소유하지 못하게 하는 법률들이 제정되어왔다. 예를 들면 11세기의 카누트 왕은 밀렵을 막기 위해서 사냥감이 많은 영국 왕실 숲에 그레이하운드를 못 들어가게 했다. 튜더 왕조와 스튜어트 왕조는 개의 소유를 규제하기 위해서 무거운 벌금을 부과했다. 그리고 1665년의 대역병 동안에는 병의 확산을 막기 위해서 4만 마리가 넘는 개들을 학살했다(이 병은 쥐벼룩에 의해서 전파되었는데 개에도 이 벼룩이 있는 것으로 생각되었다. 아이러니칼하게도 개들이 쥐들을 잡는데는 도움이 되었다).

1991년에는 영국 정부는 공공장소에서 개를 풀어놓는 것을 처벌하는 'Dangerous Dogs Act(위험한 개에 관한 법률)'를 제정했다.

시베리안 허스키는 강인한 사역 견이다.

그레이하운드는 가장 빠른 견종의 하나이다.

사회적인 일

사역견의 가장 유명한 역할은 맹인을 안내하는 것이다. 개가 맹인들을 안내한 것은 수세기 전부터이지만-찰스 디킨스가 19세기 중반에 이에 관해서 언급한 일이 있다-적절하게 훈련된 개가 사용되기는 일차대전 이후의 일이다. 프랑스전선에서 맹인이 된 독일병사들은 문명사회로 돌아가기 위해 특별히 훈련된 개들을 이용했다.

골든 레트리버와 블랙 레트리버는 저먼 쉐퍼드와 함께 오늘날 가장 많이 이용되는 안내견이다. 영국에서는 이런 개들은 '맹인안내견(Guide Dog for the Blind)재단에 의해서 강아지 때부터 지능과 온순한 성질을 평가해서 특별히 선택된다. 이 안내견의 평균 안내 기간은 8~9년 정도이고 그래서 생후 6개월부터 엄격한 훈련을 받는다. 강아지들은 처음 ' Puppy Walker '로부터 걷는 훈련부터 받게 되는데 버스, 기차, 도심, 군중에-맹인들이 부딪히는 일상적인 상황- 익숙하게 훈련받는다. 강아지가 생후 1년이 되면 훈련의 다음 과정은 안내견 센터에서 받는다. 이곳에서 개들은 길을 건너고 교통수단을 이용하고 주인이 장애물에 부딪히지 않도록 높이와 넓이를 판단하는 방법들을 배우게 된다.

골든 레트리버는 온순한 개로 가정용으로 이상적이다.

개들은 농아를 돕기 위해서도 훈련을 받는데 예를 들면 물이 끓는 소리나 전화 같은 중요한 소리를 주인을 건드리거나 소리 나는 곳으로 인도하는 방법으로 주인에게 알리는 방법을 배운다. 연구에 의하면 노인이나 외롭고 소외된 사람들에게 개와 친해지는 것

안내견은 오랫동안 훈련받는다.

이 큰 도움이 된다고 한다. British Pets as Therapy(P.A.T) 같은 단체는 나이와 상관없이 사람들을 격려하기 위해서 병원이나 가정을 방문할 때 상냥하고 믿음직한 개를 데려 간다.

그러나 극동 지방에서는 예외이다. 여기에서 개는 주인에게 충성하는 동반자로 보다는 식당의 메뉴로 더 알려졌다. 개들은 한때 중국의 일부지방이나 폴리네시아, 중미에서 식용으로 사육되었다. 이것은 아마 동물성 단백질의 부족을 해결하는 수단이었던 것 같다. 똑같은 곳에서 한때는 식인의 풍습이 만연했고 이것 역시 같은 이유에서인 것 같다. 개는 인간을 자기 종족의 일원으로 받아들이고 인간은 개를 실제 인간처럼 대한다. 이것이 아마 개를 먹는 것을 많은 문화권에서 극도로 혐오하게 만든 이유일 것이다.

경주 및 경기용 개

달리는 것은 개의 본성이다. 그래서 개경주는 로마시대부터 시작되었고 지

이태리 그레이하운드는 추적하기를 좋아한다.　휘페트는 경주용 개이다.

금도 그레이하운드, 휘펫, 러처 같은 개들을 사용해서 행해지고 있다. 가짜 토끼를 이용하는 그레이하운드 경주는 1876년 영국에서 처음 열렸다. 그러나 이 스포츠는 달리는 개들이 결승점에 누가 먼저 들어오는지 분간할 수 없어 사라졌다. 그러나 일차 대전 후에 오클라호마의 한 농부가 가짜 토끼의 특허를 냈고 원형의 경기장을 지었다. 그러자 그레이하운드 경주는 금방 다시 인

허스키 경주는 북극 지방에서는 인기 있는 스포츠이다.

기를 얻게 되었고 1924년 영국에도 소개되었다. 시베리안 허스키와 에스키모 말라뮤트를 이용하는 눈썰매 경주는 1880년대에 알래스카에서 시작되었다. 이 경주는 눈이 녹은 후에는 썰매에 바퀴를 달아서 계속할 정도로 북미와 북유럽에서는 인기 있는 이색 스포츠이다.

복종 시범을 보여주는 대회는 매우 인기가 있어 전 세계적으로 유행하기도 했다. 개들은 이 대회에서 훈련받은 성과를 보여주기도 했고 우수한 개들은 상도 받았다. 기초수준은 기본적인 훈련인 언덕에서 걷기와 간단한 명령에 복종하는 것 등을 보여주고 고급 수준에서는 추적기술과 후각시험을 보여준다.

크고 우아한 그레이하운드는 집 한쪽 구석에서 살기를 좋아한다.

신화와 전설속의 개

개가 초자연적인 능력을 가졌다고 믿었던 고대 이집트인들에게 개는 매우 중요한 동물이었다.

    인간에게 있어서 개의 중요함은 켈트문화에서 아메리카 원주민, 고대 그리스까지 모든 문화마다 신화나 전설 속에 개가 등장한다는 사실이 증명하고 있다. 개에 관한 신화에는 어떤 특징이 있다. 개는 변함없이 충성하고 인간을 한결같이 돕는 존재이다. 개가 머리가 3개 달린 세르베루스(Cerberus)같이 비정상적인 형태로 나타나면 그것은 심각한 위협을 의미하는 때일 뿐이다. 고대 이집트 사람들은 개가 초자연적인 힘을 가졌다고 믿어서 좋은 먹이를 주어서 잘 돌보았다. 왕만이 순종의 개를 소유할 수 있었고 파라오가 죽으면 사후세

이집트의 지옥의 신인 아누비스는 자칼의 머리를 가진 것으로 그려졌다.

계에서도 주인을 보호하라고 기르던 개를 함께 묻었다. 고대이집트 사람들이 개가 주인을 따라서 사후세계에 까지 간다고 믿었던 것처럼 많은 문화권에서 개를 삶과 죽음의 영역 사이의 중재자로서 간주했다. 이집트의 지옥의 신인 아누비스는 자칼의 머리를 가진 것으로 그려진 반면에 머리가 3개 달린 개인 세르베루스는 고대 그리스 신화의 지옥인 헤이디스(Hades)를 지키는 존재이다. 조로아스터교에서 시체들은 신성한 땅으로 순식간에 사라지는데 이 땅은 제사장이 기도하고 개와 신성한 불이 악의 힘으로부터 지키는 곳이다.

켈트인들은 개가 치료하는 능력이 있다고 믿었다.

켈트인들은 그리스인들이 개가 치료의 신인 아스클레피우스(Aesclepius)와 관련이 있다고 믿은 것처럼 개가 치료의 힘을 가진 것으로 믿었다. 개는 아스클레피우스의 신전인 에피다우르스(Epidaurus)에서 살았고 신은 가끔 아픈 사람을 핥아서 병을 고치는 개와 함께 나타났다.

개는 고전 문학을 통해서 다시 나타난다. 오디세이에서 호머는 유리시스의 충실한 개 아르구스가 트로이로부터 돌아온 주인을 알아봤다고 말한다. 호레이스는 새끼와 함께 있는 검은 개를 보는 것은 불행을 나타낸다고 말한다.

많은 로마의 전설은 충실한 개의 이야기를 담고 있다. 그러나 로마인들은 매년 열리는 로비갈리아 축제에 개를 제물로 바쳤다. 이 축제는 여름 동안의 폭염과 병충해로부터 옥수수 밭을 지키기를 빌면서 열리는 제전이었는데 로마인들은 개가 폭염과 관련이 있다고 믿었다.

뉴펀들랜드는 믿음직하고 상냥한 개로 정평이 났다.

로마인들은 6~8일간 계속되는 폭염이 사라지기를 바라면서 이런 더위를 "Dog days"라고 하고 "Dog star"라고 하는 Sirius(천랑성)가 해와 함께 뜨는 이때 날씨가 푹푹 찌기 때문에 "Dog star"와 더위가 관련이 있다고 믿었다. 그리스 로마신화에서 시리우스는 전령의 신인 헤르메스(Mercury)와 사냥의 여신인 아르테미스(Diana)에게 바쳐졌다. 시리우스는 전쟁을 알리는 헤카테(Hecate)와 함께 나타나기도 하고 사냥꾼 오리온과도 나타난다.

개는 중국 민속에서 중요한 위치를 점하고 있고 유럽의 미신에서 검은 고양이와 거의 똑같이 여겨지고 있다. 중국에서 "Fu Dog"은 행운과 행복의 상징으로 전통적으로 악령을 쫓기 위해서 문 앞에 세운다.

3개의 주요한 일신교에서도 개는 중요한 의미를 갖고 있다. 유대교에서 개는 별로 좋은 의미를 갖고 있지 않다. 이슬람교에서는 개를 불결한 동물로 간주하고 개와 접촉한 후에는 깨끗이 씻어야 한다고 한다. 이슬람법에서 이것은 기본이다.

광견병은 근동과 중동 지방에서 오랫동안 창궐했다. 그래서 사람은 광견병에 걸린 개의 침으로는 전염되지 않는다는 사실을 잘 믿으려고 하지 않는다.

예술과 문학 속의 개

호머, 호레이스, 토머스 모어, 알렉산더 포프, 마크 트웨인, 제임스 튜버 같은 위대한 작가들은 모두 그들 작품 속에서 개를 어떻게 돌보아야 하는지에 관해서 한마디씩 하고 있고 개에 대한 애정을 표현하고 있으며 습관과 결점에 관해서 논하고 있다.

J. M 배리의 '피터 팬'에는 아주 사랑스런 개가 나온다. 아이들의 유모는 나나인데 뉴펀들랜드 종의 개로 가난해서 사람을 고용할 수 없어서 대신 고용된 개다. 나나는 " 유모 중에 보물 같은 존재이고 나나가 아이들과 학교까지 같이 가고 아이들이 잘 하고 있을 때는 옆에서 조용히 있고 잘못할 때에는 바로잡아 주는 그런 유모였다."고 묘사되고 있다.

개를 기르는 사람은 이 동물이 처음으로 길들여졌던 때부터 자기 개를 영원히 역사에 남기고 싶어 한다. 그래서 개는 구석기 시대의 그림이나 고대 이집트의 예술 작품들 그리고 고전적인 그리스 조각에도 나타난다.

중세의 예술작품에서 개는 충성을 상징하고 있으며 많은 여성의 묘비에는 개에 대한 애정과 충성을 기리는 문구가 새겨지기도 했다. 비록 남자들의 묘비에는 용맹을 상징하는 사자를 많이 새겼지만 일부의 십자군들은 개가 주인을 충식하게 따르듯이 그리스도를 따른다는 의미로 개를 새겼다. 개는 중세의 유명한 자수에도 등장하는데 가장 유명한 것은 베이옥스(Bayeaux)자수로 여기에서 영국 왕 헤롤드는 다섯 마리의 개와 함께 등장한다.

르네상스 시대에도 개들은 다양한 형태의 그림에 등장하고 장 방 아이크의 '아놀피니 결혼식(Arnolfini Wedding. 1434)' 같은 초상화나 종교적인 그림에도 등장하여 사람들을 기쁘게 한다. 그레이하운드는 베노조 고졸리의 '베들레헴으로 가는 매기의 여행(The journey of Magi to Bethlehem 1459-63)' 에서 사냥하는 모습으로 등장하고 같은 그림에서 경비견으로서의 풍모를 지닌 검게 그을린 사냥개의 모습도 보인다.

개는 16~17세기의 위대한 사람들이 사냥하는 그림이나 초상화에도 등장한다. 유럽의 귀족은 후손들을 위해서 벨라스케스나 반 다이크의 초상화에 나타나듯이 귀중한 보물들로 둘러싸이고 작은 애완견을 무릎에 앉힌 그림을 남기고 싶어 했다.

그들은 또한 호화로운 옷을 차려입고 다리가 긴 사냥개가 옆에 있는 그림도 좋아했다. 18세기가 되자 형태가 바뀌어서 주인의 옆에 있는 개가 아니라 혼자 있는 개의 모습이 그려졌다. 동물을 그린 그림으로 유명한 조지 스텁스

쉽독은 한 페인트 광고에 등장한다.

의 작품들은 부유한 주인이 애완견을 안고 있는 그림에서 개를 존중하고 있음을 나타내고 있다.

19세기에서 20세기 초에는 개가 잡지의 표지나 그림엽서에 등장하고 도자기의 문양이나 만화에도 등장했다. 개는 인기 있는 광고의 소재였다. 허쉬퍼피 신발은 블러드하운드를 모델로 썼고 둘룩스 페인트는 올드 잉글리쉬 쉽독을 모델로 썼다. 한편 안드렉스 화장지는 정말 귀여운 라브라도 새끼를 썼는데 그래도 제일 오랫동안 사랑받은 것은 테리어 종인 니퍼일 것이다. 니퍼는 HMV(His Master's Voice의 첫 글자 모음) 레코드사의 로고에서 축음기에 귀를 기울이고 있는 개로 나온다.

영화에 등장하는 개

영화가 세상을 나타내는 거대한 거울이 되고 인간에게 즐거움을 주는 오락이 되는데는 개들이 역할이 컸다. 최초로 영화에 줄연한 개는 저먼 쉐퍼드 종의 '린 틴 틴'으로 22편의 무성영화에 출연했다. 1918년 일차대전 당시 프랑스에서 미 공군병사에게 구출된 '린 틴 틴'은 정말 특별한 개였다. 이 개는 스턴트 연기를 잘했고 스튜디오의 조명을 조절하는 동안 30분 동안이나 그대로 서 있곤 했다. 린과의 특별한 관계에 대해서 주인인 리 던컨은 이렇게 말했다. "우리는 그냥 서로를 이해합니다. 여러분들이 개를 이해하기 전에는 어떤 것이라도 가르치려고 해서는 안 됩니다." 린이 죽은 지 15년 만인 1947년에 린의 영화가 TV시리즈로 다시 만들어져서 원작만큼 인기가 있었다.

풍부하고 화려한 털과 뛰어난 지능으로 유명한 래시는 러프 콜리 종으로 또 다른 성공한 영화배우였다. 래시로 나온 팔이라는 이름의 개는 정말 사람이 질투할 정도의 삶을 살았는데 자기 아파트가 있었고 위험한 연기를 대신할 대역 개가 둘이나 있었다.

멋지게 미용을 한 푸들

도베르만은 종종 사나운 경비견으로 나온다.

2. 개의 세계

개만큼 다양한 종류는 지구상에 없다. 원래 천성이 빠른 사냥개는 좀더 많은 임무를 수행하기 위해서 들판에서 고생하고 있고 한편에서는 실내에서는 조용한 것을 좋아하는 사람들의 입맛에 맞추기 위해서도 고생하고 있다. 자연의 선택보다 인간의 간섭이 오늘날과 같은 다양한 크기와 모양의 개를 만들었다. 사실 많은 종류의 개들이 자연 상태에서는 금방 멸종될 것이다. 불독에게 있는 호흡기 질병과 출산의 어려움은 한 가지 예에 지나지 않는다. 그러나 인간의 간섭은 육체적, 정신적 질병의 예방을 위한 주요한 유전적 특질을 되찾는 것을 불가능하게 했다. 모든 개는 종에 상관없이 비슷한 기본적인 특질을 갖고 있다.

개는 달리기에 적합한 효율적인 심혈관 체계를 갖고 있고 중요한 내장을 보호하는 깊은 가슴뼈가 있다. 개는 사냥과 자기영역을 지키는데 중요한 역할을 하는 잘 발달된 감각기관을 가지고 있으며 효율적이고 예민한 청각과 극도로 발달된 후각으로 아무리 작은 개라도 낯선 사람이 침입할 때는 짖어서 경고할 수 있다. 모든 개들은 그들의 조상인 늑대처럼 집단생활을 하는 동물로서 유전적으로 집단이나 가족에서의 서열을 존중하도록 되어있다. 개는 집단에서의 자기의 위치를 확인할 때 안도하고 이것이 왜 개가 주인의 명령을 그렇게 잘 따르는지를 말해준다.

개의 생리

형태와 크기가 다양해도 모든 개는 동일한 유전적, 육체적 특징이 있다. 개는 네발 달린 포유류이고 근육질이고 네발을 사용하는 구조이며 달리기에 적합한 심혈관 체계를 가지고 있다. 개는 39쌍의 염색체를 갖고 있고(사람은 23쌍의 염색체를 갖고 있다) 319개의 뼈로 골격을 갖추고 있으며 고기를 찢기에 아주 적합한 42개의 이빨을 갖고 있다. 다리와 근육의 구조는 쉬지 않고 먼 거리를 달리기에 적합하다.

차이니스 크레스티드는 머리부분에 있는 아주 뻣뻣한 털을 제외하고는 털이 전혀 없다.

탄탄하게 생긴 엘크하운드는 탱탱하고 탄력 있는 털가죽을 갖고 있다.

샤 페이는 늘어져서 접히고 촘촘하고 추위에 강한 털가죽을 가지고 있다.

심장과 허파는 몸에 혈액과 산소를 원활히 공급하기 위해서 비교적 크다. 간단히 말하면 개의 몸은 사냥에 적합하게 되어있다는 것이다.

개의 크기는 엄청나게 차이가 난다. 예를 들면 아이리쉬 울프하운드는 체고가 1m 정도인데 반해서 치와와는 12cm이다. 털가죽의 색과 두터움은 우아하게 치렁치렁한 아프칸하운드에서 털이 전혀 없는 멕시칸 헤

치와와는 세계에서 가장 작은 개이다.

어리스 독까지 다양하다. 개의 형태는 머리와 몸과 다리에 의해서 결정되는데 이것들의 크기는 견종에 따라서 상당히 다르다.

인간은 선택적인 교배에 의해서 개의 특질을 다양하게 만들었다. 저먼 쉐퍼드는 조상인 늑대와 가장 비슷하며 몸의 균형이 잘 잡힌 특질을 갖고 있다. 털이 길고 잘 발달된 근육을 가진 다리는 폭발적인 추진력을 내며, 물고 찢기에 적합한 이빨을 감싸고 있는 주둥이는 길다.

아이리쉬 울프하운드는 세계에서 키가 가장 크다.

아프칸하운드는 유난히 털이 많다.

불독은 다정다감하고 온순하다.

　그러나 다른 견종들은 저먼 쉐퍼드 같이 완벽하지 않다. 비록 선택적인 교배로 빨리 뛰는 능력 같은 유용한 특질이 나오기도 하지만 반면 수명이 짧고 유전적인 결함이 나오기도 한다. 예를 들어 불독은 다리가 휘었고 얼굴이 짓눌렸으며 호흡기 질환에 약하다. 아이리쉬 세터는 난치의 눈병이 고질이고 찰스 킹 스패니얼은 5살까지 심장병으로 고생할 확률이 다른 개보다 50%는 높다.

저먼 쉐퍼드는 주둥이가 길다.

피부와 털

약간의 예외는 있지만 개는 직모이건 구불구불한 모양이건 털로 덥혀있고 그 모낭에는 미세한 근육이 있어서 흥분했을 때는 털을 쭈뼛 서게 한다. 그리고 민감한 콧수염이 코 주위에 있다.

페킹이즈는 풍부하고 두터운 털가죽이 특징이다.

외피는 다른 동물들 보다 훨씬 다양하고 외피의 형태는 그 개의 지리적인 기원을 잘 보여준다. 털은 겉털과 속털의 두 종류가 있고 얼마나 두껍고 어떻게 분포되어 있느냐가 외피의 형태를 결정한다. 이들 겉 털과 속 털의 조밀함도 견종에 따라서 엄청나게 다양하다. 길고 따뜻한 털은 페킹이즈처럼 북아시아가 원산인 경우가 많다. 이 페킹이즈의 모습은 털이 매끄럽고 짧은 아프리카산 로디지안 리지백과 정 반대이다. 따뜻한 기후 출신의 개는 털이 짧고 더위를 이기도록 거의 방수가 될 정도로 조밀하다. 뻣뻣한 직모를 가지고 있는 견종은 겉 털이 두터워서 어떤 기후에도 잘 적용하며 다른 동물에게 물리는 경우에도 도움이 된다.

로디지안 리지백은 털이 짧다.

뻣뻣한 직모의 폭스테리어의 털가죽은 밀도가 조밀하다.

많은 견종 들이 계절에 따라 털갈이를 한다. 그 주기는 기후, 낮의 길이, 호르몬의 요소, 영양상태, 유전적 요인에 따라 다르다. 가을이 되서 낮이 점점 짧아지면 개의 외피는 두꺼워지고 털은 길어진다. 봄이 되어 겨울의 두꺼운 외피가 거추장스러워지면 털이 빠진다. 털의 성장은 여름에 가장 느리다.

개의 발은 특별히 두터운 표피로 덥혀있다. 발을 보호할 수 있는 두꺼운 표피층이 발바닥을 덮고 있다. 발바닥은 열에 둔감하지만 땀샘이 있어서 유연함을 유지한다.

골격

개의 골격은 매우 튼튼하다. 강한 두개골은 눈과 귀를 보호하고 복뼈에는 튼튼한 근육이 붙어있다. 견갑골은 근육에 의해서 골격의 일부를 형성하고 이 근육 때문에 달릴 때 유연한 것이다. 긴 갈비뼈는 중요한 내장을 덮어서 보호하고 어깨와 엉덩이는 다리가 우아하고 정확하게 움직이게 하는 축의 역할을 한다. 앞다리와 뒷다리의 무게 분산은 비슷한 편이다.

뼈는 인대로 서로 얽혀있고 힘줄은 골격과 근육을 연결한다. 개의 힘줄은

독일산 긴 머리 포인터 같은 개는 넓은 머리와 긴 주둥이가 있다.

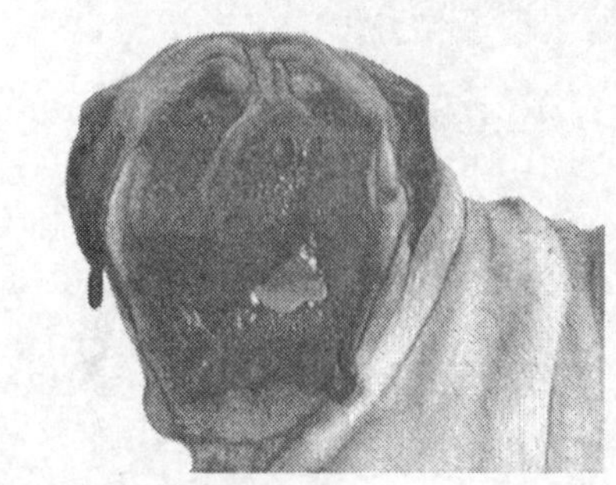

마스티프는 넓은 두개골과 가로로 가는 눈이 특징이다.

박서는 머리가 넓고 강력하다.

잘 발달되어서 과중한 무게 때문에 인대가 찢어지는 경우는 있지만 힘줄이 손상되는 경우는 별로 없다. 가장 약한 부분은 뒤 다리 무릎이다. 허약하고 과체중인 개들이 이 무릎 때문에 많이 고통을 받는다.

두개골의 모양은 3개의 기본적인 구조가 있다. 긴 얼굴의 좁은 두개골(예를 들면 살루키의 긴 두개골). 넓은 두개골의 긴 얼굴(포인터의 두개골). 넓은 머리와 짧은 주둥이(박서의 두개골, 짧은 코 퍼그는 이런 형태의 극단적인 예로서 사실 주둥이가 없는 것이나 다름없다.)

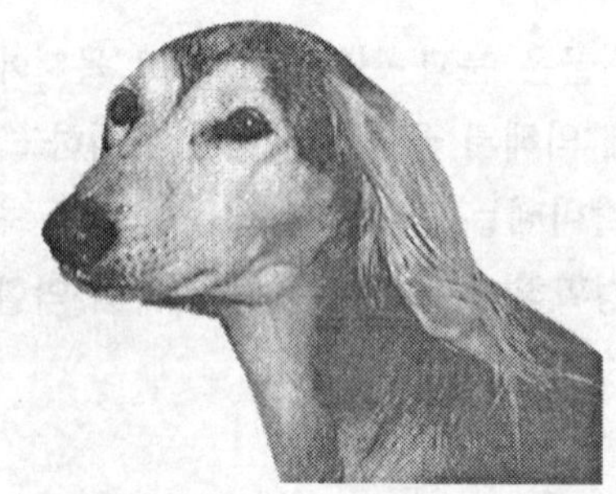

살루키는 두개골이 좁다.

퍼그는 개 중에 코가 제일 짧다.

다리가 긴 그레이하운드는 아주 빠르다.

초기의 개들은 들개와 거의 비슷한 크기이고 생후 10개월이면 성장을 멈추고 어른이 되었을 것이다. 5500년 전 견종인 마스티프는 18개월이 되어야 다 자라서 성견이 되었다. 오늘날에는 대형견이 소형견 보다는 성견이 되는데 더 오래 걸린다.

대부분의 개들은 먼 거리를 뛰어 넘기에 적합하다. 어깨와 골반뼈의 형태와 다리뼈와 등뼈의 분절은 쉽고 빨리 뛸 수 있게 한다. 어떤 견종들은 특별한 걸음걸이를 강조하기 위해서 교배되었다. 예를 들면 저먼 쉐퍼드는 나는 듯한 설음설이로 유명한데 한 쪽 다리는 항상 지면에 닿아 있지만 공중을 나는 것처럼 보인다. 그레이하운드는 빨리 달리기 위해 교배된 종으로 질주할 때가 가장 편안하다. 이들의 등뼈는 아주 유연해서 한 번에 네 다리를 쭉 펼 수 있고 네 다리 모두를 지면에서 떨어지게 할 수 있다.

닥스훈트는 키가 13~25cm 정도이다.

　　바위가 많은 지형에서 사냥감을 쫓도록 만든 아프칸하운드는 덩치가 작은 개가 아닌데도 엉덩이 관절과 등 아랫부분이 유연해서 아주 작은 공간에서도 회전할 수 있다. 다리가 짧은 닥스훈트는 땅 속 오소리 사냥을 위해서 만든 견종으로 다리가 짧은 특징 때문에 사냥감을 쫓아서 좁은 굴속으로 들어갈 수 있다.

근육

　　건강한 개는 세 개의 근육 군에 의해서 조절되는 다양한 움직임과 부드럽고 유연한 걸음걸이를 보여준다. 내장의 운동을 조절하는 평활근, 심장을 조절하는 심근, 개가 몸을 지탱하고 움직일 수 있게 하는 골격근이 세 가지가 있다.

　　가장 강력한 골격근은 강하게 물 수 있는 턱과 달리기를 위해서 즉각적인 추진력을 주는 허벅지에 있다.

저먼 포인터는 강한 턱과 목을 가지고 있다.

목의 근육은 머리를 220도 이상 돌릴 수 있게 하고 귀와 꼬리의 근육은 여러 가지 신호를 할 수 있도록 잘 발달되어 있다.

　　근육의 위축은 너무 사용하지 않거나 드물게는 신경 전달계의 손상으로도 일어난다. 그러므로 매일 매일의 운동은 근육운동을 원활하게 하기 위해서 필수적이다. 특히 어린 개들은 하루에 두 번은 운동을 해야 한다.

　　도약운동은 마른 개들에게는 아주 좋은 운동이지만 살이 쪘거나 나이가 든 개들은 착지할 때 척수가 손상될 수 있다는 점을 명심해야 한다.

심혈관 체계

개는 선천적인 달리기 선수이다. 그리고 그들의 심혈관 체계는 운동할 때 엄청난 양의 산소를 공급하고 이산화탄소를 배출하는데 아주 효율적이다.

몸의 각각의 부분들은 적절한 때에 적절한 영양을 필요로 한다. 심장은 몸의 필요에 따라 산소를 가진 피를 몸 구석구석으로 보내준다. 개의 뇌는 심장으로부터 10~20%의 피를 공급받는데 이 수치는 개가 무엇을 하든 변하지 않는다. 운동할 때에는 몸에 활력을 유지하기 위해서 심장에서 공급하는 혈액의 90%까지 근육으로 보내진다.

혈액세포들은 몸 안을 돌면서 대사물질을 모아서 해독하기 위해 간으로 보냈다가 다시 폐로 보내는데 거기서 이산화탄소를 배출하고 산소를 받아들인다. 신선한 적혈구는 이 산소를 조직세포로 보내기 위해서 동맥을 타고 돈다.

소화

개의 입은 전형적인 육식동물의 입이다. 여섯 쌍의 앞니는 뜯고 자르고 정리하기 위해 입의 앞 쪽에 있고 먹이를 물고 찢는 데 사용하는 두 쌍의 송곳니는 앞니 옆에 있다. 송곳니는 제일 길고 강력한 이빨이다. 나머지 이빨들은 어금니인데 씹고 자르고 잘게 부수는데 사용한다.

개의 혀는 비교적 얇고 주로 음식을 처리하는데 사용하지만 털을 깨끗이 하고 땀을 발산하는데도 사용한다.(개는 더우면 혀를 내밀어서 헉헉거리면서 더위를 식힌다. 혀를 내밀어서 헉헉거리면 혀에서 수증기가 발산되어 체온을 내리게 된다. 개는 발바닥을 통해서도 땀을 흘린다.)

개의 소화기관은 비록 현재는 정기적으로 먹이를 먹지만 비정기적으로 어쩌다 한 번 먹게 되면 많은 양을 먹을 수 있게 되어있다. 개는 음식물을 거의 씹지 않고 꿀꺽 삼키는데 식도를 통해서 바로 위로 들어가고 거기서 소화효소에 의해서 부서진다. 그 다음 음식물은 유문괄약근을 통해서 위를 떠나 소장으로 들어간다. 대부분의 음식물의 소화와 흡수는 췌장과 간의 도움으로 이 소장에서 이루어진다. 췌장은 효소를 분비하여 소화과정을 조절하는데 포도당의 수준을 조절하기 위해서 인슐린과 글루카곤을 분비한다. 인간과 마찬가지로 간은 개의 몸에서 가장 큰 장기이다. 그것은 6엽 구조이고(인간은 2엽 구조) 단백질과 탄수화물뿐만 아니라 지방의 흡수를 돕는 담즙을 생산한다. 간은 혈액속의 독소를 제거하고 혈액 응고 물질을 만들어낸다. 이런 기능은 생존을 위해서 필수적인 기능이고 간에 질병이 생기면 개에게 심각한 일이다.

소장에서도 남은 음식물은 많은 박테리아가 살고 있는 대장으로 보내진다. 이 박테리아는 감염을 막고 배설물을 부수고 비타민을 섭취하는 것을 돕는다. 이렇게 소화과정이 끝나면 남은 물질은 배설된다.

소변과 생식체계

대사물질은 복부의 끝에 달려있고 개의 맨 아래 갈비뼈에 의해 보호되는

발바닥을 빼면 땀을 흘릴 수 없기 때문에 개는 체온을 식히기 위해서 헐떡이는 것이다.

신장에 의해서 처리된다. 신장은 혈액으로부터 독성물질을 걸러내고 버릴 물질은 신우를 거쳐서 두개의 요관을 통해서 방광으로 보내지고 오줌은 생식기를 통해서 배설된다.

개는 정신적으로는 18개월이 지나야 성견이 되지만 6~12개월이 지나면 성적으로는 다 성숙된다. 너무 일찍 새끼를 가진 암컷은 감성적인 면에서 어미가 된다는 것을 감당하지 못할 지도 모른다. 그래서 처음 맞는 발정기에는 짝짓기를 하지 말아야 한다.

수놈은 항상 성적으로 왕성해서 끊임없이 냄새를 통해 번식가능한 짝을 찾는다. 암컷은 일년에 두 번 배란을 하는데 12일 정도 지속되는 발정 전기 동안 생식기가 부풀어 오르고 점액을 분비한다. 이후에 5일 정도의 발정기가 오는데 이 시기는 나팔관 안으로 난자가 들어오는 때이고 짝짓기를 하는 때가 바로 이때이다. 난소는 평생 살아있게 된다.

감각기관

개의 다섯 가지 감각기관은 인간의 그것과는 아주 다르게 조절되어 있다. 개의 후각은 아주 예민하고 날카로운 오감 중 가장 잘 발달된 기관이다. 개가 실종자를 찾거나 마약이나 폭발물을 탐지하는 데 사용되는 이유는 바로 이것 때문이다. 몇몇 견종은 다른 종보다 더 잘 발달되었는데 저먼 쉐퍼드와 블러드하운드의 후각은 퍼그 같은 코가 짧은 종보다는 훨씬 더 예민하다.

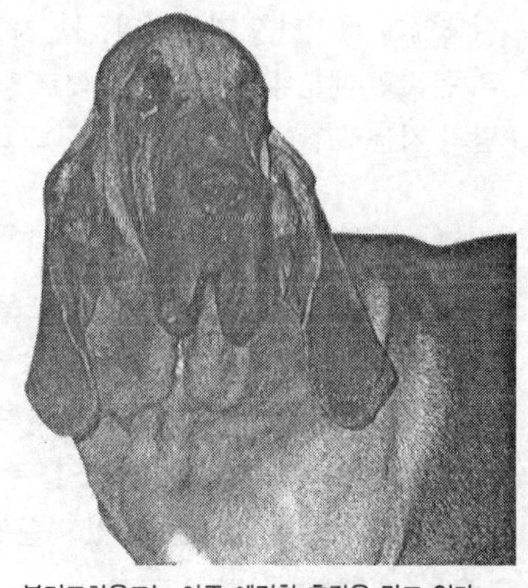

블러드하운드는 아주 예민한 후각을 갖고 있다.

개의 후각은 인간보다 최소한 100배 예민하다고 추정되고 100만 배는 더 효율적일지 모른다. 평균적인 개는 2억 개가 넘는 수용체를 가지고 있고(인간은 5백만 개) 뇌에서도 더 넓은 영역이 후각을 위해 동원된다.

개가 축축한 코를 가지고 있다는 것은 유명한데 이것 때문에 냄새를 더 잘 잡아내고 코 안에 얇은 나선형의 뼈 위에 있는 후각 막으로 신호를 보낸다.

퍼그는 코가 짧고 주름이 있다.

이렇게 냄새를 잡아내서 뇌의 후각을 담당하고 있는 부분으로 보내면 입천장에 위치한 서골비기관은 냄새의 대상의 성별을 판별하고 짝짓기가 가능한지 아닌지를 판별한다. 개의 몸에서 나는 냄새는 침, 귀, 질, 음경의 분비물과 항문 주위와 꼬리에 있는 분비선으로부터 나는 것이다. 이런 냄새를 통해서 상대에게 짝짓기가 가능한지 아닌지를 알리고 영역을 표시하는 것이다. 항문의 분비선 때문에 배설물위에 페로몬이 풍부한 액체를 남기게 되고 이것은 사람의 지문과 같이 각각의 개마다 다 다른 냄새를 가진다.

반면에 개의 미각은 아주 둔하다. 인간은 맛을 느끼는 돌기가 개보다 여섯 배나 많고 개의 혀는 표면이 오돌도돌한 돌기로 덮혀있어서 아주 거칠어 보인다. 만약 맛으로 먹이를 찾아보라고 한다면 개는 거의 아무거나 먹을 것이다. 개는 처음 냄새로 먹이를 찾아내서 맛을 본 후에 결과를 수용체로 넘기게 된다. 개는 신맛은 혀의 전체로 느낄 수 있고 단맛은 양 옆으로, 짠맛은 그 옆과 혀의 뿌리 부근에서 느낄 수 있고 쓴맛은 혀의 끝부분으로만 느낄 수 있다.

개의 청각은 아주 예민하다. 개들은 종종 멀리서 들리는 인간이 들을 수 없는 소리도 들을 수 있다. 많은 교배종들이 크고 쫑긋한 귀를 가지고 있지만 개의 귀는 원래 부드럽게 움직이고 인간이 들을 수 있는 거리보다 네 배는 더 멀리 들을 수 있다. 개들은 시끄러운 소리를 듣기 싫으면 속귀를 닫아버릴 수도 있다.

개는 촉각에 민감한 동물이다.

몸의 다른 부분보다도 귀의 생김새는 인간의 인위적인 개입이 많은 부분이다. 자연적인 귀는 쫑긋하고 잘 움직이는 늑대의 귀와 비슷한 것이고 몇몇의 종은 귀를 움직여서 경계의 태도를 보이기도 하지만 블러드하운드 같은 개는 극단적으로 귀가 커서 땅에 닿을 정도로 출렁인다. 그레이하운드 같은 종은 장미 같은 귀를 가지고 있어서 달릴 때에는 올라가서 뒤로 접혀질 수 있다.

개는 촉각에도 민감하다. 주둥이 주위의 수염은 스스로 움식일 수도 있고 많은 신경섬유로 되어있어서 공기의 흐름을 느낄 수도 있다. 개들은 서로 간의 대화에 촉각과 후각을 사용한다. 촉각은 개와의 일체감을 느끼는 데 아주 중요한 역할을 한다. 개는 좋아하는 것을 표시하려고 서

개는 아주 발달된 후각을 지녔다.

박서의 눈은 앞쪽에 있다.

로 뛰고 핥아주며 우월함을 나타내려고 발을 든다.

개의 시각은 후각보다는 덜 발달되어있다. 개는 인간보다 상대적으로 큰 각막이 있는데 이것은 밤에는 잘 보이지만 망막의 중앙부위의 간상체와 추상체의 뒤섞임 때문에 색을 구별하기가 어렵고 일반적으로는 시력이 좋지 않다. 개의 눈의 위치는 견종마다 아주 다양한데 휘펫이나 그레이하운드 같은 사냥개는 얼굴의 옆에 있어서 사냥과 추적에 이상적인 아주 넓은 시야를 가지고 있다. 다른 종인 블러드하운드나 박서는 눈이 앞쪽에 있어서 초점을 잘 잡을 수 있다.

개는 눈커플의 안쪽에 여러 겹의 막을 가지고 있어서 눈의 자극을 막을 수 있다. 또 마음대로 움직일 수는 없지만 근육을 이용해서 눈을 안쪽으로 집어넣어 보호하기도 한다.

많은 동물들이 자연재해를 미리 알거나 가족의 한사람이 다가오는 것을 미리 아는 육감을 가지고 있다는 믿음이 있다. 개는 영리한 동물이고 그래서 개의 주인은 개가 자기의 기분을 알고 나쁜 것을 알려주려 한다는 것을 믿는다. 여러 연구를 통해서 개는 전자기적 감각을 가지고 있어서 지진을 감지하기도 하고 멀리 갔다가 다시 돌아오는 능력이 있다는 것이 밝혀졌다.

그레이하운드는 시야가 넓다.

개의 행동

작은 개는 간청할 줄을 안다.

　개의 행동은 천성과 교육이 합쳐져서 나타난 결과이다. 개는 사회적인 동물이고 혼자 있는 것보다는 다른 개나 사람과 어울리기를 좋아한다. 개는 단순해서 생존과 편안함의 필요에 따라서 행동한다. 생존은 먹이를 의미하고 그러므로 개를 훈련할 때 맛있는 과자는 중요한 보상이 된다. 뛰어 올라서 사람의 얼굴을 핥는 것 같은 어떤 행위는 먹이를 구하는 기본적인 본능에 의해서 행해진다.(늑대어미의 얼굴을 핥는 것은 새끼에게 먹이를 주려는 보상심리를 일으킨다.)

　개의 유전자에는 집단생활을 하는 동물의 행위에 근거를 둔 많은 기본적인 생존 본능이 담겨있다. 이 기본적인 본능은 개의 일생동안 가장 중요한 생후

모든 개는 단체생활로 삶을 시작한다.

몇 주일 동안에 가장 큰 영향을 받는다. 여러 가지 유전적인 기질을 타고 태어난 강아지들은 생후 3주부터 동료들을 사귀고 사람과 같이 사는 것을 배운다. 강아지들은 어미가 하는 것을 보고 배운다. 그들이 12주가 될 때까지는 보고 듣고 맛보고 냄새 맡고 느끼는 모든 것으로부터 배운다. 이 중요한 기간동안 더 많이 배우면 배울수록 성견으로 더 잘 적응한다.

집단생활을 하는 동물들은 일반적으로 수컷인 한 지도자에 의해서 지배되는 엄격한 서열체계 속에서 살아간다. 다행히도 대부분의 개들은 지배적인 수컷을 잘 따른다. 가정에서 기르는 개는 주인을 단체의 지도자로 생각하고 따르며 자기가 속한 영역을 지킨다. 개의 주인들은 개보다는 오히려 사람을 따르도록 훈련을 해서 가정에서 개에게 확실한 지도자로 인식되어야 한다. 생후 6주가 되기 전에 사람에게 맡겨진 강아지는 사람과 친해지고 사람으로부터 배울 수 있다는 것을 쉽게 알게 된다.

단체생활을 하는 동물들은 성공적으로 공존하는데 필요한 여러 가지 규칙들을 잘 알고 있는 영리한 동물이다. 늑대들은 함께 사냥을 하고 먹이를 나누

강아지들은 어릴 때부터 사람과 익숙해져야 한다.

고 좋을 때는 서로 뛰는 것으로 표현하며 스스로와 단체의 생존 가능성을 높인다. 강아지들은 어미를 떠나서 인간 단체의 일원이 될 때까지 자연적인 집단에서 살기 시작한다. 처음에 어미는 먹을 것을 주고 따뜻함과 안전을 주기 때문에 그 단체의 리더이다. 생후 3주경에는 놀며 서로 육체적으로 부딪혀보고 그렇게 자기 몸을 시험해 볼 정도로 강해진다. 강아지들은 처음에는 놀이를 통해서 단체의 서열을 배운다. 일단 강아지가 어미로부터 인간의 보호로 들어가게 되면 개의 주인인 인간은 먹이를 주고 따뜻함과 안전을 주는 단체의 지도자가 되는 것이다.

개가 감성적으로 성숙하는 18개월이 되기까지는 단체(일반적으로 인간의 가정)내에서 구성원으로서 자리를 잡게 된다. 지배적인 개는 명령에 복종하지

어미는 새끼가 어떻게 행동해야하는지를 가르치고 새끼의 행동을 통제하기 위해서 살짝 물기도 한다.

않거나 가장 약한 구성원의 위로 자신의 서열을 설정함으로써 지정된 위치에 도전할지 모른다.(이 경우 가장 약한 구성원이 아이가 되기 때문에 개를 통제하기 위한 조기 훈련은 아주 중요하다)

개들은 극도로 영역 지향적이다. 그리고 단체의 모든 구성원은 영역을 지킬 의무가 있다. 개들은 자기영역에 접근하는 새롭고 수상한 어떤 것을 감지하면 재빨리 반응해서 짖어서 단체의 다른 구성원에게 알린다. 개는 영역을 지킬 때는 공격적이 되기도 한다. 그러나 이것은 개 주인에게는 바람직한 것이다. 개를 기르는 많은 이유 중에는 안전을 지키는 것도 있기 때문이다. 개의 공격성은 몇 가지 형태가 있는데 원인은 다 각각이다. 어미개의 공격 성향은 새끼를 보호하려는 어미의 자연적인 반응이다. 육식본능의 공격은 개가 토끼나 새 같은 사냥감을 잡을 때나 고양이나 자동차를 쫓을 때도 볼 수 있다.

사람을 공격하도록 훈련된 개들은 일반적으로 음성으로 명령만 내려지면

이 개는 지기가 영역이라고 생각하는 것을 지키기 위해서 차량을 쫓는다.

훈련된 공격성을 나타낸다. 영역을 지키려는 공격은 비록 개가 사람을 공격해서 문제가 일어난다고 해도 자연적인 개의 특징이다. 개는 일반적으로 공격적인 행동으로 적을 위협하려고 하지만 죽자 사자 하는 싸움은 피하려고 한다.(그래서 "무는 것보다 짖는 것이 더 무섭다"는 말이 있다.)

두 마리 개가 만나면 그들 중에 하나는 지배적인 위치를 차지하려고 한다.

　개들은 사람뿐만이 아니라 다른 개들로부터도 자기영역을 지키려고 한다. 그리고 이 행동은 주인이 자리를 비운 개들에게서 더 일반적이다. 놀란 개들은 종종 공격적이 된다. 또한 어린애들에 의해서 흥분된 개들은 아이들의 행동을 이해할 수 없기 때문에 애들을 물지도 모른다. 두 살 정도의 수컷들은 누가 우월한지를 확인하려고 잘 싸운다. 그리고 다른 개들은 장난감이나 밥그릇을 지키려고도 한다. 성견에게 나타나는 집착성 공격은 거세하면 해결될 수 있다.

개들은 천성적으로 조심성이 많고 상냥하며 호기심이 많은 동물이다.

　　모든 개들이 놀기를 좋아하지만 집단에서 서열이 낮은 개일수록 더 잘 논다. 놀이는 개들에게 자극제가 되고 운동이 되며 타고난 장기를 더 잘 발휘하게 하고 주인과의 애정을 더 깊게 하기 때문에 필수적이다. 놀이를 통해서 사람은 개에게 자신의 위치를 확인시켜야 한다. 개는 주인에게 복종해야 하고 주인은 개를 놀이를 통해서 지배해야 한다.

　　개들은 주인에게 인형이나 막대기를 가져온다든지 몸을 굴리거나 사람을 간지럽게 해서 주인에 대한 집착을 표현한다. 사람들은 개의 이런 행동을 애정으로 해석하고 이런 행동은 개가 편안해하고 행복해하는 분명한 표시이지만 동물행동학자들은 개의 감정에 대한 정서적인 깊이를 인정하지는 않는다.

몸을 굴리는 것은 쓰다듬어 주고 놀아달라는 뜻이다.

개의 몸짓을 통한 의사소통 이해하기

개들은 몸짓이나 냄새에 기초한 복잡한 비음성적 의사소통 행위가 발달했다. 그들의 사회적 행위는 집단동물의 단순한 논리에 바탕을 두고 있고 집단 내에서의 서열체계나 지배와 복종을 확인하려는 것이다. 어떤 행동의 의미는 인간의 그것과 비슷하다. 그러나 대개는 더 복잡하고 아직도 동물학자들에 의해서도 완전히 이해되지는 않았다. 개들은 서로간이나 인간에게 의사를 전달하

개가 행복해하는 표정은 알기 쉽다.

기 위해서 귀, 얼굴, 입, 꼬리, 몸을 개별적으로 혹은 복합적으로 사용한다. 개들은 아주 표현력이 풍부한 사회적 동물이고 개와 주인 사이의 상호이해는 일반적으로 충분히 공감할 수 있는 토대가 있다.

개의 표정을 통한 표현은 상당히 분명하고 개와 눈을 마주보는 것은 아주 중요한 요소이다. 개들은 인간보다 적은 얼굴근육을 가지고 있지만 입은 기분을 나타내는 좋은 도구이다. 이빨을 드러내는 것은 공격의 신호지만 이빨을 보이며 웃는 표정을 짓는 것은 복종의 표현이다. 우월적인 개들은 다른 개들을 복종시키기 위해서 노려보고 복종적인 개들은 이 시선을 피한다.

공격적인 개들은 귀를 세우고 이빨을 드러내며 노려보는 반면에 복

눈을 마주보는 것은 개에게 중요하다.

종적인 개들은 귀를 낮추고 입을 다문다. 귀를 세우는 것은 공격적인 개들이나 복종적인 개들이나 모두에게 자신감과 경계의 표현이다. 그리고 귀를 눕히는 것은 일반적으로 두려움과 복종의 표시이다. 또 다른 표현도구는 꼬리이다. 개들 사이에서 꼬리를 다리 사이로 내리면 두려움과 복종의 표시이고 꼬리를 치켜들면 자신감과 흥분을 나타낸다.

귀를 세우고 꼬리를 올리는 것은 자신감과 경계의 표시이다.

　개의 신체구조상 자세를 통한 표현이 제한적이라고 하더라도 개의 자세는 개의 기분을 말해주는 단서가 되고 미묘한 자세들은 의사소통을 위해서 이용되기도 한다. 개들은 항상 네 다리로 서 있고 앞 다리는 팔이라기보다는 다리이기 때문에 인간처럼 다양한 자세를 취할 수는 없다. 몸을 앞으로 기울여서 무게중심을 앞으로 옮기거나 뒷다리를 낮추어서 무게중심을 뒤로 할 수도 있다. 개들은 서고 엎드리고 웅크리거나 구르기도 하고 목뒤의 털을 세우거나 낮추어서 더 크게 보이게 하거나 작게 보이게 할 수도 있다. 그들은 옆으로 돌거나 다른 동물과 만났을 때 다양한 자세를 취할 수 있다. 이런 자세는 얼굴표현이나 냄새를 맡는 행동이나 꼬리를 이용해서 복합적으로 사용된다.

포인터가 체중을 앞으로 싣고 꼬리를 뻗은 채로 움직이려고 하고 있다.

　공격적이거나 겁먹은 개는 더 크게 보이려고 목 뒤에 난 털을 곧추 세우고 공격 직전에는 귀를 세우고 앞쪽으로 무게 중심을 둔다. 겁먹은 개는 꼬리를

두 마리의 작은 개들이 싸우는 연습을 하고 있다.

내리고 입술을 드러내고 귀를 낮추어서 뒤로 자세를 잡지만 이러다가도 공격적이 되기도 한다. 복종적인 개는 눈길을 피하고 귀를 낮추고 꼬리를 내린 채로 웅크리며 심하면 배를 보이고 바닥에 눕게 된다.

개들의 이런 전형적인 행동들은 모든 개에게 흔하지만 특히 운동할 때나 다른 개들과 어울려서 놀 때 많이 나타난다. 짝짓기 의식은 일반적으로 암컷의 냄새로 촉발되어 암컷의 관심을 끌려는 수컷의 도약으로 진행된다. 수컷이 암컷의 관심을 끌게 되면 개들은 처음 앞다리로 툭툭 치고 이어서 수컷이 암컷 위로 올라타게 된다. 개들도 사람만큼 많이 논다. 이것은 어떤 상황에 대한 훈련이 되기도 하고 운동이 되기도 한다. 개들이 같이 놀 때는 "놀이 인사"라는 행동을 처음 하는데 앞다리를 굽히고 뒷다리를 세우는 것으로 이것은 화가 나서 싸우자는 뜻이 아니고 놀자는 뜻이다. 이어서 꼬리를 흔들고 입을 벌린 채 조금씩 뛰는데 곧 서로 쫓고 쫓기는 싸움과 비슷한 상황이 연출된다. 이 때 어린 개들은 지나치게 흥분하기 쉬운데 주인이 놀이의 범위를 벗어나지 않게 조절해야 한다.

극도로 예민한 후각이 있기 때문에라도 냄새와 관련된 개의 행동은 아주 중요하다. 두 마리의 개가 서로 만나면 즉시 서로 주둥이와 사타구니, 항문 주위의 냄새를 맡아서 성별과 서열을 확인한다. 침, 오줌, 배설물에 있는 페로몬과 질과 음경의 분비물로 개들은 암컷의 생식 상태나 수컷의 서열을 잘 알 수 있다.

냄새를 묻히는 행동은 보통 오줌으로 하고 수컷이 영역을 표시하기 위해서 나 다른 개들과 의사소통을 위해서 사용한다.

수컷은 4시간 만에 오줌으로 80군데에 영역을 표시하기도 하는데 도시의 개들은 시골의 개들에 비해서 다른 개들과 영역이 겹치기 때문에 더 자주 표시를 한다. 암컷들도 냄새로 영역 표시를 하는데 발정기에만 주기적으로 하게 된다. 발정기에 암컷의 오줌은 수컷들에게 아주 자극적으로 작용한다. 개들은 걸을 때 계속해서 땅의 냄새를 맡는데 이것은 아마 다른 개가 먼저 지나갔는지를 알기위해서인 것 같다.

개들도 음성적인 의사소통을 하는데(중앙아프리카의 바센지는 짖지 않고 행복할 때는 마치 요들송과 비슷한 소리를 낸다) 청각이 잘 발달되어서 인간이 들을 수 없는 소리도 들을 수 있다. 개에게는 의미 있는 네 가지 소리가 있는데 짖고, 울부짖고, 으르렁거리며, 낑낑거리는 소리이다. 짖는 소리는 개가 제일 흔하게 내는 소리로 보통은 흥분했거나 경계할 때 이 소리를 낸다. 개는 영역이 침범될 위험에 있을 때 경고의 신호로 이 소리를 낸다. 울부짖는 소리는 흔하지는 않지만 집단생활을 하는 동물들이 보통 내는 소리이다. 이 소리는 일단 한마리가 시작하면 그 소리를 듣는 다른 개들이 따라서 하게 된다. 으르렁거리는 개는 공격적인 것이 분명해서 공격하려 하거나 싸우려고 하는 것이고 낑낑거리는 개는 관심을 끌려고 하는 것이다. 강아지가 낑낑거리면 뭔가 잘못되었다는 것이고 성견이 낑낑거리는 것은 동정을 구하는 것이다. 재미있는 것은 개들은 지배적인 개를 달래려고 할 때는 예외지만 다른 개들이 있는 때에는 거의 낑낑거리지 않는다는 것이다.

개의 몸짓 언어

기 분	귀	눈	입 / 이빨
공격	머리에 가깝게	공격적으로 노려본다.	이빨을 드러내고 으르렁거린다.
경계	세우고 소리를 듣기위해 움직인다.	정상적이다.	다물거나 이빨이 보이지 않게 약간 벌린다.
관심	약간 뒤로	가늘게 시선은 회피	다물거나 웃는 듯이 보인다.
다른 개와의 지배 다툼	쫑긋하거나 앞을 향하고 있다.	목표물을 노려본다.	다문다.
추적 시작	위로	크게 뜨고 경계한다.	헐떡일 수 있게 벌린다.
흥분	앞으로 뾰족하다.	크게 뜬다.	헐떡일 수 있게 벌린다.
즐거운 때	서있거나 힘이 없는 상태	크게 뜬다.	약간 벌려서 헐떡인다.
복종적	머리에 붙인다.	흰자를 보이거나 가늘게 뜬다.	입술을 뒤로 당긴 웃는 입 모양

몸	꼬 리	소 리
긴장되고 행동에 옮기기 직전의 자세	몸통에서 일직선으로 뻗는다.	으르렁거리거나 심하게 짖는다.
발끝으로 서있는 정지한 듯한 자세	위를 향하고 혹은 흔든다.	조용하지만 작게 짖기도 한다.
긴장되고 앞다리가 더 낮다.	내려서 복종적인 자세이다.	낑낑거리거나 호소하듯 작게 짖는다
서서 목뒤털을 세운다.	빳빳해진다.	공격적으로 으르렁댄다.
긴장상태, 웅크리고 다리는 달릴 준비	몸통에서 일직선으로 뻗는다.	아무 소리도 안낸다.
걷거나 움직일 수 있는 균형 잡은 자세	흔든다.	흥분된 짧은 짖음
앞은 숙이고 뒤를 올린다. 이리저리 뛸 준비	활발하게 흔든다.	즐겁게 짖거나 장난스럽게 으르렁댄다.
배를 보이고 뒤로 눕거나 한발을 든다.	다리 사이로 내린다.	작은 소리로 낑낑거린다.

개의 주된 형태

　견종의 고유한 특징은 많은 세대에 걸친 선택적인 교배로 개발되어서 지금은 교배목적에 따라서 여러 유형으로 나뉜다. 영국에는 사냥개, 건독(떨어진 사냥감을 찾아오는 개로 이런 대회가 있다.), 테리어, 가정용 중 대형견, 사역견, 애완견의 6개의 유형이 있다. 미국에서는 미국 애견가 클럽(A.K.C)에 의해 개를 스포츠용, 비스포츠용, 사냥개, 테리어, 애완견, 사역견, 목축견의 7개의 유형으로 나눈다. 어떤 종류의 개가 어떤 유형에 속하는 지를 결정하기는 쉽지 않다. 나라마다 애견가 클럽이 있어서 나름대로 분류하고 있다. 미국과 영국에서 인기 있는 대부분의 견종들은 지난 200년~250년 사이에 나타난 종이다. 19세기에는 아주 많은 종들이 교배되어 나타났다.

　개들은 과거에는 자연적으로 발달된 특성을 이용하기 위해서 경비용이나 목축용으로 교배되었다. 그러다가 빅토리아 시대에 사람들은 단순히 외모만

소형 애견 말티스

바셋하운드

호주 목축견

피레니언 마운틴 독(그레이트 피레니스)

라소 압소

보스턴 테리어

비천 프라이즈

비글

아메리칸 코커스패니얼

보르조이

을 위해서 개를 교배하기 시작했고 19세기에는 애견가 협회에서 각 견종들의 외모를 따지는 엄격한 기준을 내놓기 시작했다. 몇몇의 종들은 유행에 따라 교배되어서 덩어리 같은 머리, 겹치는 피부, 짧고 주름진 주둥이처럼, 이상스런 모습으로 발전했다. 몇몇의 종들에게 남아 있던 오랜 자연적 선택에 의한 특질은 애견 대회의 평가에 맞추는 것에 밀려서 결국 일부의 종들은 건강에 좋지 않은 유전적 결함으로 고통을 받게 되었다. 예를 들어 불독은 큰 머리와 좁은 엉덩이로 특이한 외모를 갖고 있지만 이 때문에 제왕절개를 하지 않으면 안 되는 경우가 많다. 달마시안은 청각상실로 고생하고 찰스 킹 스패니얼은 심장에 이상이 있다. 반면에 저먼 쉐퍼드는 엉덩이에 자주 문제가 생긴다. 그러나 수의학자들과 애견가들이 이런 문제를 최소화하는데 노력을 기울여서 많은 성과가 있기도 하다.

다니엘 딘몬트

개의 유형

사냥개들은 두 가지 부류로 나눌 수 있다. 눈으로 보고 사냥하는 개와 냄새로 사냥하는 개가 있다.

그레이하운드, 살루키, 휘펫, 보르조이는 사냥할 때 주로 시각을 이용하고 비글과 블러드하운드는 냄새로 사냥감을 쫓아서 사냥한다. 사냥개들은 사냥할 때 사람과 떨어져서 독립적으로 행동하고 자기의 주변에 신경을 집중하기 때문에 주인의 명령을 잘 듣지 못하는 경우가 있어서 잘 훈련 받아야 한다. 그만큼 사냥개는 영리한 것이다. 그리고 그들은 가정에도 쉽게 적응하고 사람에게 아주 좋은 친구가 된다.

펨브로크 코지

스포츠용 견독은 새나 작은 사냥감을 찾아오는데 아주 특출하다. 이 유형에는 사냥꾼에게 사냥감이 어디 있는지 알려주는 세터와 포인터가

프렌치 불독

포함되는데 레트리버는 그 이름에서 알 수 있듯이 물이나 땅에서 죽은 사냥감을 잘 찾아가지고 온다. 그리고 다양한 스패니얼 종류도 이런 일을 잘 한다. 이 유형의 개들은 용감하고 친절한 동물이고 우수한 가정용 애완견이 된다.

차우차우

　테리어는 설치류를 잡기 위해서 교배된 종으로 이 유형에는 광범위한 개들이 포함된다. 이들은 보통 강아지 때부터 아주 활발하고 생기가 있다. 긴다리 테리어는 체고가 35cm가 넘는 종이고 짧은 다리 테리어는 그 이하의 종이다.

　불테리어는 겁이 없는 근육질의 개이며 다니엘 딘 몬트나 예쁘고 친절한 웨스트 하이랜드도 테리어 종이다.

　사역견에는 악명 높은 로트바일러가 포함되고 덩치 큰 뉴펀들랜드나 버킹검 궁의 애완견인 펨브로크 코지가 포함된다. 사역견은 다시 여러 부류로 나뉘는데 경비견 목축견 사역견으로 세분된다. 많은 종들이 바른 행동을 하도록

찰스 킹 스패니얼

엄격한 훈련이 필요하지만 이들은 지능이 상당히 높은 편이다.

　가정용 중대형견은(미국에서는 비스포츠용으로 알려졌다.) 한결같이 좋은 가정용 개들로 다양한 유형이 있다. 이들의 크기와 모양은 작은 차우차우에서 큰 달마시안까지, 푸들에서 티베탄 종들과　불독까지 천차만별이다. 프렌치 불독 같은 종은 한때 소를 모는데 사용했다.

　작은 애완견들은 덩치는 작지만 기질은 서로 아주 다르다. 차우차우나 요크셔테리어 같은 개는 상당히 용감하다. 다른 유형, 그러니까 찰스 킹 스패니얼 같은 개는 좋은 애완견이다. 보통 이 유형의 개들은 지능이 뛰어나다. 이들은 보통 사람과의 친교나 애정을 위해서 만들어졌다. 미니핀 같은 개는 큰 개를 축소한 것이다.

　개의 혈통을 연구하는 사람들은 잡종이 순종보다 더 건강하고 더 똑똑하고 훈련시키기 쉽다고 생각하지만 순종은 행동이 예측가능하다. 좋은 자연적인 기질을 교잡하는 것이 개에게 나쁘지만은 않더라도 순간적인 기분에 이끌려 순전히 육체적인 특질만을 강조하기 위한 교배는 분명 잔인한 일이다. 이것은 후에 분명 동물의 삶을 비참하게 만들 것이다.

미니 핀

바이마라너는 아주 잘빠진 개이다.

3. 개 기르기

개는 친근한 동물로서 주인을 반긴다.

개를 기른다는 것은 충동적으로 혹은 아이들이 졸라대서 간단하게 결정할 일이 아니다. 개는 당신의 가족의 일부가 되고 오랫동안 보호와 관심이 필요한 동물이다.(개의 평균 수명은 13년이다) 개를 기를 사람은 개가 필요로 하는 먹이, 미용, 운동, 자극 같은 것을 개에게 투자할 시간과 인내가 있는 지를 심각하게 고민해야한다. 그러나 당신이 만약 이 역할을 하겠다고 한다면 당신의 시간과 노력은 충실한 개의 애정으로 상당 부분 보상될 수 있다. 개는 당신에게 오랫동안 기쁨과 즐거움과 친근함을 줄 것이다. 무엇보다도 개는 기를 가치가 있는 동물이다.

모든 개는 복종하는 것을 배워야 한다.

개를 기르기 전에 당신이 강아지를 원하는지 아니면 성견을 원하는지, 개를 위해서 정기적인 시간을 낼 수 있는지, 개와 함께 운동하고 놀 시간이 있는지 심각하게 고민해 봐야 한다. 만약에 하루 종일 일하러 나가 있거나 수시로 4시간 이상 개를 혼자 두어야 하는 상황이라면 개는 당신에게 애완용으로 적당하지 않다. 왜냐하면 개는 사회적인 동물로서 혼자 있기를 싫어하기 때문이다. 개를 기르는 데는 돈이 든다는

동물 병원에 가는 것은 개에게 필수적이다.

것을 잊지 말아야 한다. 개는 먹이만이 아니라 목걸이, 끈, 예방접종 같은 것이 필요하고 동물병원에도 가야하고 개집도 필요하다. 일반적으로 큰 개는 작은 개보다 비용이 더 많이 든다.

개는 개별적인 기질도 있지만 각각의 종이 나타내는 일반적인 특질을 보여준다. 당신의 생활방식을 생각한다면 당신에게 가장 적합한 개의 종류의 범위를 좁혀나갈 수 있을 것이다.

당신이 활동적이지 않고 시간이나 능력도 없고 운동도 싫어한다면 간단한 운동에도 만족하고 집에 가만히 있는 얌전한 종이 좋다. 여기에 딱 맞는 작은 애완견은 요크셔테리어나 찰스 킹 스패니얼이다. 당신이 하루 한 시간 정도 산책을 하지만 날씨가 좋은 날민 하는 편이라면 테리어나 쉬틀랜드 **쉽독** 같은 잘 적응하고 편안한 종이 좋다.

어떤 날씨에도 운동하기를 좋아하는 사람은 골든 레트리버나 비어드 콜리, 아니면 박서 같은 개가 좋다. 이런 모든 개들에게 공통으로 필요한 것은 당신

이 따뜻하게 대하는 것이다. 왜냐하면 개들은 아주 영리한 동물이기 때문이다. 복종 교육이나 민첩성 훈련은 개의 여러 가지 문제를 해결하는 데 도움이 된다. 당신이 집에는 별로 없고 하루 종일 개와 돌아다니는 것을 좋아하는 사람이라면 이런 생활에 꼭 맞는 시베리안 허스키나 달마시안, 포인터, 레트리버가 좋다.

작고 깜찍한 요크셔테리어는 미용에 신경써야한다.

　　아이들이 있는 가정에는 복잡하고 정신없는 생활에 잘 적응하는 개가 좋다. 어린이들은 사랑으로 개를 대하는 방법을 배워야 하고 그래서 개는 온순하고 사랑스럽고 애정이 풍부한 개라야 한다. 라브라도는 여기에 딱 맞는 개이다. 강아지 때부터 아이들과 함께 자란다면 개는 당신 가정의 성공적인 가족이 될 것이다. 그러므로 강아지가 아닌 성견을 보호소 같은 곳에서 데려온다면 이 개의 성장환경을 잘 검토해봐야 한다. 개가 아무리 얌전하더라도 아이를 개와 혼자 놔두면 안 된다.

　　많은 학술연구에서 개를 기르는 것이 아이들과 가족에 유익하다는 것이 밝혀졌다. 개와 함께 놀고 배우면서 아이들은 생명과 동물에 대한 책임의 중요함을 배운다. 개는 아이에 비해 수명이 짧기 때문에 아이는 죽음에 어떻게 대처하는지도 배울

사납고 잘 지키는 켈리 블루는 아이들에게 좋다.

수 있다. 비엔나 대학의 연구에 의하면 개를 가지고 있는 아이들이 학교에서 더 인기가 있다고 한다. 이것은 아마 개와 함께 놀면서 아이가 비음성적 의사소통을 배우기 때문일 것이다.

영리한 비어디드 콜리는 훈련을 좋아한다.

활동적인 달마시안은 많은 운동이 필요하다.

아이들은 개를 존중하고 개와 즐기고 개를 잘못 다루어서 화나게 하지 말아야 한다는 것을 배워야 한다.

대형견과 소형견

당신을 위해서 가장 적합한 개의 크기는 당신의 가정환경에 크게 좌우된다. 간단히 말해서 당신 집이 큰 개를 기를 수 있는 공간이 있는지, 아니면 작은개에 더 적합한 집인지 묻는 것이다. 큰개는 보통 작은개보다 비용이 많이 드는데 우선 사료를 많이 먹는다. 작은 개는 가끔 특별한 먹이를 원하지만 그래도 큰개보다는 비용이 적게 든다.

긴 털의 스패니얼은 자주 미용을 해야 한다.

작은개도 큰개처럼 비슷하게 운동이 필요하지만 큰개처럼 넓은 공간이 필요한 것은 아니다. 예를 들어 테리어종들은 정기적인 운동을 해야 하지만 아이리쉬 울프하운드 같은 개는 더 큰개라도 운동의 빈도와는 큰 상관은 없다.

털이 긴 큰개들은 집안 여기저기에 털을 날려서 자주 미용을 해야 하지만 푸들 같이 털이 날리지 않는 개는 알러지가 있는 사람들에게 적합하다. 털이 긴 종은 미용에 많은 시간과 정성 그리고 돈이 든다.

잡종이 가정에 더 좋은 때가 있다. 이 잡종은 더 상냥하고 건강하며 순종보다 오래 살며 많은 순종들을 괴롭히는 무서운 선천적인 질병에도 시달리지 않는다. 잡종도 역시 순종만큼 좋은 가정이 필요할 때가 많다.

시추는 작은 가정에 이상적인 애견이다.

반면에 순종은 종의 특성상 습성을 잘 알 수 있고 생활의 예측도 질병의 문제처럼 상당히 확실하다.

개들은 그 크기와 기질에 차이가 많아서 당신에게 적당한 개를 정하는 것이 중요하다. 친구에게 조언을 구하고 책이나 잡지, 인터넷을 통해서 각각의 종의 특질을 알아보고 절대 결정을 서두르지 마라. 일단 종을 선택했으면 그 종의 암, 수와 어린 강아지부터 늙은 개까지 모든 개를 알아 보아야한다. 그래야 이 개와 함께하는 모든 기간을 예측할 수 있다.

성견과 강아지

왜 성견이 광고되는지 아는 것도 필수적이다.(보호소는 일반적으로 개가 어떻게 살았으며 행동이 어떤지를 자세히 알려줄 것이다) 여러번 가정에 입양되었던 개는 조심해야 한다. 단순히 주인을 잘못 만난 경우도 있겠지만 심각한 나쁜 버릇이 있는지도 모른다. 이런 나쁜 버릇 중에는 조금만 참으면 해결되는 것도 있다. 무엇을 잘 부시는 개는 단순히 지루하고 외롭고 운동부족인 경우가 많다.

성견은 원래 가정생활에 익숙하지만 혼자 있기를 싫어하거나 아이들을 싫어하는 등의 숨겨진 문제가 많이 있을지도 모른다. 당신이 염두에 두고 있는 개를 간단한 방법으로 시험해봐라. 개에게 끈을 매고 반응을 지켜봐라. 산책을 데리고 나가서 낯선 사람이나 아이들이나 다른 개를 만났을 때의 반응을 지켜봐라. 쉽게 놀라는가? 예를 들어 "앉아!"같은 간단한 명령에 잘 따르는가? 몇 분 동안 장난감과 놀게 혼자 두어봐라.

성견이 사람들과 어떻게 반응하는지 간단한 명령에 어떤 반응을 보이는지 알아보는 시간을 가져라.

개의 나쁜 버릇은 대개 잘못 다룬 것이 원인이다.

혼자 있기를 싫어하는 개들은 짖거나 낑낑거린다. 정면에서 개에게 다가가서 눈을 마주보고 있어보아라. 괜찮은 개는 부드럽게 당신을 쳐다보지만 신경질적인 개는 짖거나 화를 낼 것이다. 개가 끈에 느슨하게 묶여 있을 때 턱 아래를 만져주고 조용히 말하면서 등을 쓰다듬어 봐라. 손을 두려워하는 개는 몸을 뺄 것이다.(그러므로 사람의 접촉을 싫어한다.)

강아지들은 정말 사랑스럽다. 하지만 작고 안아주고 싶은 8주짜리 새끼들도 6개월 만이면 전혀 다른 개가 된다. 정확하게 말해서 강아지들은 경우에 따라서 엄청 크게 자라고 이 큰 개는 별로 귀엽지 않을 뿐만이 아니라 큰 공간이 필요하고 먹이는데 돈도 많이 들게 된다. 당신의 강아지가 얼마나 클지 알고 싶다면 어미들을 먼저 살펴봐야 한다. 강아지들은 처음 몇 달 동인에는 손이 많이 가야 하고 시간과 인내를 필요로 한다. 태어난 지 몇 주 안 된 강아지들의 성격을 판별하기는 정말 어렵다. 그러나 한배에서 난 새

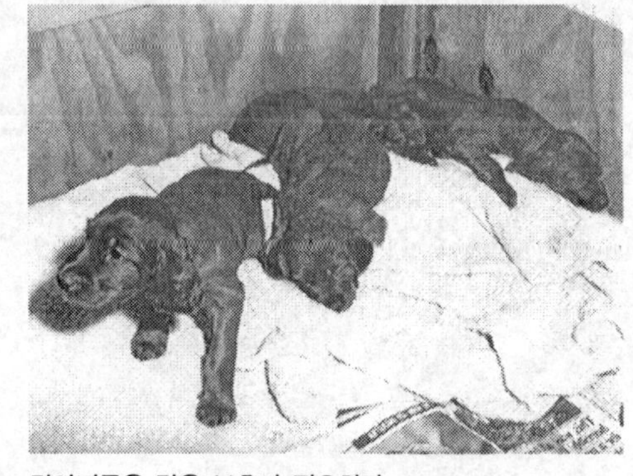
강아지들은 많은 보호가 필요하다.

끼들 중에는 부끄러움을 많이 타거나 호기심이 더 많은 새끼들이 있다. 이때 당신이 원하는 강아지를 선택하는 데는 이런 지침을 사용하는 것이 좋다.

수컷이냐 암컷이냐

일반적으로 수컷이 암컷보다 더 활동적이고 공격적이다. 수컷은 더 잘 놀고 훈련시키기도 힘들다. 암컷들은 일반적으로 조용하고 얌전하고 훈련시키기 쉽지만 더 많은 애정을 필요로 한다.(암컷은 일 년에 두 번 생리를 하고 피가 섞인 분비물을 분비한다.) 덩치가 작고 복종적인 개들은 성별의 차이로 인한 성격 차이가 별로 없다.

개를 선택할 때 고려해야하는 점

- 큰개인가 작은개인가
- 강아지냐 성견이냐
- 순종이냐 잡종이냐
- 집의 공간은 어느 정도인가
- 혹시 하루 종일 일하러 나가 있는 것은 아닌가
- 얼마나 운동을 시킬 수 있나
- 성견의 성장환경은 어떤가?

입양

애견사

일단 당신의 상황에 잘 맞는 개의 종을 선택했다면 어디서 그것을 구할지를 결정해야한다. 순종을 구하려면 유명한 애견사에게 구하는 것이 가장 좋은 방법이지만 이것은 잡종이나 보호소보다 값이 비싸다.

유명한 애견사들은 건강한 개들을 공급한다.

개를 교배하는 것은 전문적인 지식이 필요하고 유능한 애견사는 혈통을 조심스럽게 선택해서 태어나는 개들이 좋은 삶을 살 수 있도록 한다. 그들은 유전적인 문제를 일으키는 근친교배를 절대하지 않고 2살 이하거나 8살이 넘은 개들은 절대 교배를 하지 않는다. 교배를 해서 개들은 평생 3~4번 새끼를 낳고 애견사는 암컷이 새끼를 낳은 바로 다음번의 발정기에는 교배를 하지 않는다.

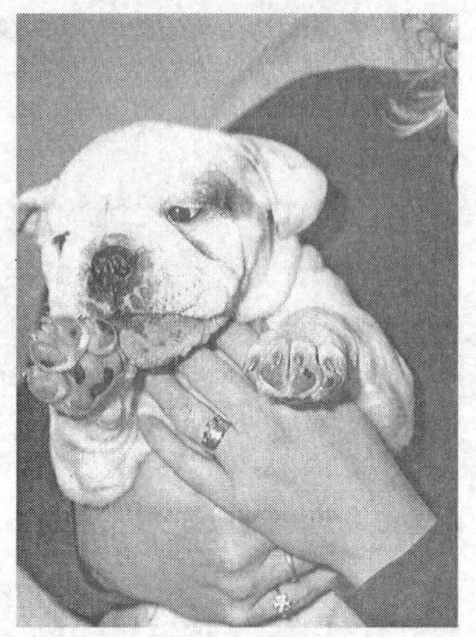

기르려는 강아지를 잘 살펴보는 것이 중요하다.

애견사는 개를 애견판매점이나 전문거래인 같은 상업적인 성격의 시설에는 판매하지 않는다. 이 사람들은 견종에 대해서 잘 알고 있고 자기 개들의 결점에 대해서 솔직하다. 이들은 당신의 환경에 대해서도 관심이 많고 당신의 가정의 환경이 바뀌면 강아지를 도로 찾아간다.

강아지를 구하는 대기자 명단에 이름을 올려라-훌륭한 애견사는 좋은 품종의 강아지를 얻기 위해 그 정도 가치가 있다. 강아지들이 태어나면 어미와 같이 있는 강아지를 한번 보러가라. 가서 가능하다면 부견도 보여 달라고 하라.

강아지들이 정기적으로 사람과 접촉했는지 점검하고, 했다면 한 사람 이상 접촉하는 것이 좋고 시설이 깨끗하고 강아지들이 총명하고 건강한지 점검하라. 자꾸 뒤로 숨는 강아지보다는 호기심이 많은 강아지를 선택하라.(그러나 그런 강아지는 지배적인 개가 될 가능성이 있다는 것을 명심하라)

강아지들은 자신감이 있고 명랑하고 귀엽고 호기심이 많은 놈이 좋다.

일단 강아지를 선택했다면 값을 지불하기 전에 애견사가 순종확인서 및 등록서, 혈통 확인서, 같은 관계서류를 준비했는지 확인하라. 그리고 구입한 지 48시간 안에 수의사의 검진 결과 만족스럽다고 해야만 구입이 유효하다는 동의서를 요구하라. 강아지가 기생충이 있는지 예방접종은 받았는지 확인하라.(어떤 애견사는 입양하기 전인 생후 8주에 이런 조치를 한다.)

애견사로부터 관계서류를 받아야한다.

입양하는 날 강아지가 상처나 피부병이나 코나 눈에 분비물이 있는지 감기나 다른 아픈 증세가 있는지 꼼꼼히 확인해야 한다. 만약 강아지가 상태가 안 좋으면 입양을 하지 말고 다른 날짜를 잡아라. 입양하는 날 수의사와 강아지를 검사하도록 예약하라. 당신과 당신가족들은 24시간 안에 강아지에게 강한 애정을 갖게 되는데 수의사가 어떤 이유로 애견사에게 돌려보내야 한다고 하

새 주인과 함께 편안한 개

면 한번 정이 들었기 때문에 헤어지기가 더 힘들다.

애견보호소나 다른 방법들

보호소나 입양기관은 여러 가지 이유로 주인에게 버림받은 개들을 보호한다. 예를 들어 많은 사람들이 자신의 환경에 맞지 않는 개를 입양해서 적절하게 돌보지 못하다 이곳으로 보낸다. 한편 가정환경의 변화로 더 이상 개를 기를 수 없는 가정의 개들이 이곳으로 오고 더욱이 원치 않는 출산으로 생긴 강아지들이 이곳으로 오는 것이다.

입양기관은 개의 복지를 위해서 일하는 곳으로 이런 개들에게 더 이상의 고통을 막기 위해 노력한다. 이들은 개의 행동을 평가하고 의료적인 검사를 수행하며 중성화 시술을 수행한다. 이런 기관에서는 입양을 원하는 사람에게 생활 방식, 수용 공간, 가족 환경, 개에 대한 그들의 기대에 관해 아주 자세하게 묻는다.

일부 특별히 정열적으로 일하는 기관은 입양 전 상담을 하거나 수의사의 검진을 요구한다.

보호소에는 주로 잡종견이 있는데 특정한 종의 개를 보호하는 단체들도 많이 있다. 당신이 보호소에서 강아지를 입양하려고 한다면 일단 방문해서 어미와 함께 보는 것이 필요하다. 잘 관리된 강아지는 또래들과 놀면서 사회화되고 어미의 보살핌에 도움을 받을 것이다.(당신이 신문 광고를 보고 강아지를 산다면 강아지의 배경을 따져볼 기회가 없을 것이고 만약 강아지가 잘못 돌봐졌다면 커서 공격적이 되거나 행동에 문제가 있는 개가 되기 쉽다.)

개를 가지고 있는 친구들도 좋은 강아지를 얻는 방법이다. 당신은 강아지의 어미가 될 개를 쉽게 방문해서 볼 수 있고 부견이 될 개도 마찬가지다. 수의사도 도움이 많이 된다. 수의사가 만약 개를 추천한다면 개의 병력이나 행동에 관한 배경을 잘 알고 있을 것이다. 애견점에서 판매되는 강아지들은 강아지의 생에서 아주 중요한 초기의 몇 달 동안 생긴 병이 있거나 행동의 문제가 많이 있다. 왜냐하면 그동안 고립되고 사람들과의 부적절한 접촉으로 고생했기 때문이다.

건강 검진

개를 사기 전에 건강상태를 확인할 몇 가지 기본적인 검사를 해야 한다. 이것은 강아지들에게 아주 중요하다.

좁은 공간에서 놀고 있는 강아지의 동료들을 지켜봐라. 이들의 위나 방광은 비어있어서 당신이 자연스럽게 그들의 모습을 점검할 기회인 것이다. 강아지가 또래들과 장난치며 놀지 못하면 피곤하거나 아프거나 비사교적인 것이다.

당신은 강아지의 몸을 검사할 때 낑낑거리거나 싫은 내색을 하지 않게 강아지를 집어야만 한다. 강아지는 한 손으로는 뒷다리 부분과 등뼈의 끝부분을 받쳐주고 한 손으로는 머리와 앞다리를 받쳐서 팔을 둥글게 해서 조심스럽게 안아야 한다.

성견을 팔고자 하는 사람은 개의 병력과 예방접종의 자세한 내역서를 제공해야 한다.

강아지의 건강검진 포인트

- 피부 : 품종에 따라 다르지만 느슨하게 접혀 있어야 한다.
- 털   : 깨끗하고 윤기가 나야 한다.
- 꼬리 : 벼룩을 검사하라
- 항문 : 깨끗해야 한다.
- 배   : 넉넉하고 평평해야 한다.
- 귀   : 기생충이 있는지 확인하라
- 코   : 차갑고 축축해야 하고 분비물이 없어야 한다.
- 눈   : 밝게 뜨고 있어야 한다.

입양 준비

실내와 외부의 준비

새로운 개를 집으로 데려오기 전에 개가 도로로 뛰어들거나 땅을 파거나 담을 뛰어넘지 못하게 집과 정원을 확실히 손보아야 한다. 정원의 담과 문은

연못 같은 정원의 위험물들에는 사고를 막기 위해서 적절한 조치를 취해야 한다.

빈틈없이 막고 풀장이나 연못은 빠지지 않게 조치를 해야 하고 살충제 같은 독극물은 개가 닿지 않게 보관해야 한다.

개의 눈으로 정원을 살펴보아라. 그러고 잠재적인 위험요소가 없는지 확인하라. 정원 담 주위에 땅을 파는 것을 막기 위해서 돌을 깔아야 할지도 모른다. 정원에 작은 구멍이나 틈새가 없는지 확인하라. 이런 것은 구석구석 탐험하기를 좋아하지만 어떻게 빠져나와야 하는지는 전혀 모르는 강아지에게는 아주 좋은 유혹이 된다. 수벽이 높은 연못은 또 다른 위험요소이다. 이것은 개가 한번 빠지면 다시 빠져나오기 어렵기 때문이다. 만약 개가 땅파기를 아주 좋아한다면 정원의 한쪽 구석을 모래밭으로 만들어서 거기에다가 좋아하는 것을 묻을 수 있게 하라. 아무 곳이나 판다고 벌을 주지 말고 항상 팔 수 있는 모래밭을 만들어 주어라.

실내는 걸음마하는 아기가 오

이런 철망으로 된 개집은 개의 안전한 보금자리가 된다.

높고 튼튼한 담은 개를 외부의 위험으로부터 보호한다.

개가 담장 아래를 팔 수 없게 조치하라.

개는 자기의 영역을 순찰하는 습관이 있다.

기 전에 준비해야 하는 것과 거의 같다. 늘어진 전선줄은 깨끗하게 정리하고 넘어져서 부서지기 쉬운 가구는 잘 고정하고 비싼 장식품은 개가 적응할 때까지 치워야한다. 독성이 있는 관상용식물은 개가 닿지 않는 곳으로 치우고 개가 강아지라면 씹을 수 있는 모든 것 그러니까 신발이나 장갑이나 인형이나 배달된 우편물까지도 치워야 한다.

개에게 다른 애완동물을 소개하기

만화의 내용과는 다르게 개와 고양이가 앙숙은 아니다. 그래서 적절히 서로 소개하면 행복하게 잘 지낼 수 있다. 처음 소개할 때 고양이가 달아나지 않도록 하고 개를 잘 억제해야한다. 왜냐하면 고양이가 도망가면 개는 그냥 단순히 재미로 고양이 뒤를 쫓기 때문이다. 그렇게 되면 만날 때마다 고양이를 겁주어서 재미로 쫓게 되고 이러면 문제가 되는 것이다. 처음 소개할 때는

많은 개와 고양이가 행복하게 공존한다.

어린 개는 늙은 개에게 배울 수 있다.

고양이를 바구니나 우리에 가두고 개가 냄새를 맡게 하면 그런 불상사 없이 개의 호기심을 만족시킬 수 있다.

많은 개주인들이 혼자 있는 개가(혼자 있는 아이처럼) 다른 개와 놀고 싶어 하고 사귀고 싶어 한다는 사실을 모른다. 기분이 우울해진 나이든 개에게 다른 개를 소개하면 생기를 회복한다. 그들을 소개할 때는 자는 곳이라든지 먹는 곳에서 떨어진 중립적인 장소에서 해야 한다. 절대 어느 한쪽을 더 선호하는 대우를 하지 말고 둘이 친해질 때까지는 둘만 놔두어서는 안 된다.

사려 깊은 개주인을 위한 요점들

⊙ 개가 인도에다 용변을 보게 하지 말고 배수구에 보게 하라. 배설물을 퍼서 화장실에 버리든지 특별히 준비된 통에 버려라. 집에서는 정원의 한쪽에서만 배변하게하고 여기저기 더럽히지 않게 하라.

⊙ 공원이나 해변이 개를 운동시키기에 아주 좋은 장소지만 자제해야 한다. 어

떤 부모들은 아이들이 노는 곳에 개를 데려오는 것을 아주 싫어하고 젖은 개가 옆을 지나가며 물방울을 튀기는 것을 좋아하는 사람은 별로 없다.

배설물을 푸는 도구—필수적인 도구이다.

◉ 끈에 매지 않고 개와 산책을 나가면 안 된다. 멀리라도 차들이 다니는 곳이라면 개를 자유롭게 뛰어다니게 하는 것은 아주 위험하다. 뭔가 눈에 띄면 찻길로 뛰어들지도 모른다. 숲에서도 개를 그냥 놔두면 말을 타는 사람도 마주칠 수도 있고 어린이들과도 마주치고 토끼를 보고 달려가서 사라져버리기도 한다. 개를 통제할 끈이 꼭 필요하다.

◉ 개를 유혹할 수 있는 개과자를 좀 가지고 다녀라. 끈에서 풀어주기 전에 하나를 주고 불러서 왔을 때 다시 주어라.

◉ 창이 꼭 닫힌 차에 개를 혼자 두지 말라.

◉ 모두가 개를 좋아하는 것은 아니라는 것을 기억해라. 어떤 사람들은 어러가지 이유로 아주 개를 무서워한다. 비록 그 사람들의 행위가 비합리적이더라도 사려 깊은 개 주인은 그들의 느낌을 존중하는 법이다.

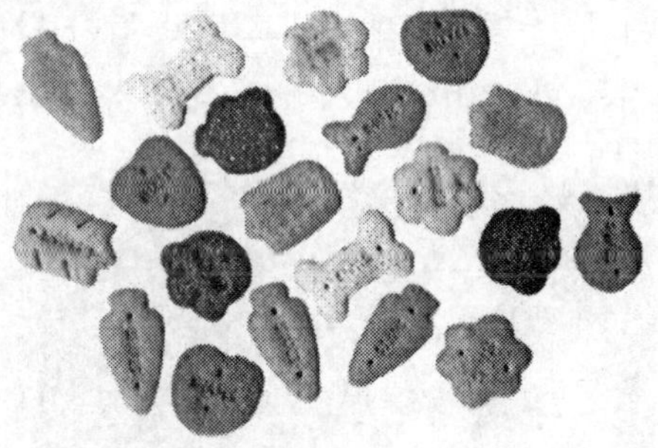
개과자는 아주 좋은 칭찬 도구이다.

애견용품

　모든 형태와 크기와 연령의 개에게 맞는 용품이 엄청나게 많지만 당신의 개를 편안하게 하고 안전하게 하는 데 필요한 용품은 제한되어 있다. 최소한의 용품은 목줄과 끈 그리고 편안한 잠자리, 약간의 미용도구와 밥그릇과 물그릇이다.

목줄, 목걸이, 끈, 하니스

　목줄은 형태와 가격이 천차만별이고 가죽이나 나일론, 면으로 된 것이 사용된다. 단순한 버클 목줄은 많은 개들에게 쓰이고 목을 조르는 체인이 달려 있는 체크목줄은 힘이 센 대형 견에 적당하다. 원통형의 목줄은 평평한 목줄보다 개의 목에 자국을 덜 남긴다. 강아지의 첫번째 목줄은 가볍고 저렴해야 한다.(금방 맞지 않게 되기 때문이다) 목줄을 맬 때는 손가락이 두개정도 들어가게 느슨하게 매야하고 뒤로 잡아 당겼을 때 벗겨지지 않게 매야한다. 강아지는 한번에 한두 시간 매서 점차 익숙하게 해야 한다.

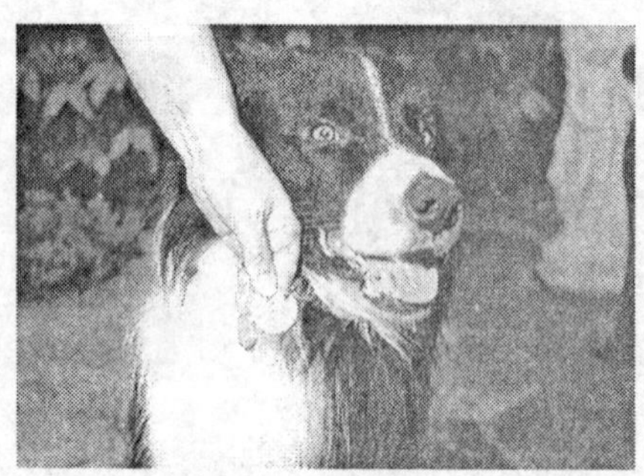

아이디가 새겨진 기본적인 목걸이

전자 목걸이

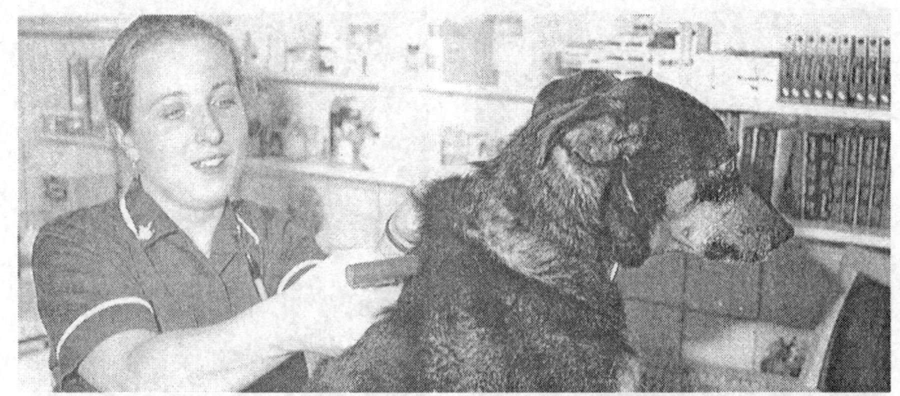
마이크로 칩은 별다른 고통 없이 삽입할 수 있다.

　개소유자는 주인의 주소와 전화번호가 새겨진 명패를 개에게 부착하는 것이 좋다. 그래서 목걸이를 목줄에 달거나 비교적 최신 방법인 마이크로 칩을 개의 몸에 부착하는데 이것은 물론 수의사가 해야 한다.

　마이크로 칩을 이식하는 절차는 아주 쉽고 예방주사를 맞는 정도밖에는 아프지 않다. 쌀 알 만한 이 칩은 개의 목뒤 털가죽이 느슨한 부분에 이식된다.(이것은 개의 몸에서 거부반응을 막기 위해서 생체에 부작용이 없는 유리로 싸여졌다.)

　공공장소에서 개를 잘 통제하는 것은 아주 중요하다. 그러므로 개가 목줄을 매는 것에 일단 익숙해지면 산책하기 전에 거기에 줄을 매서 잡고 나가라. 아마 세가지 줄이 필요할 것이다. 면이나 나일론 재질의 2m 정도의 짧은 줄, 6m 정도의 긴 줄은 운동할 때 필요하고, 집에서 사용하는 긴 줄도 필요하다.

집에서 기본적인 복종훈련을 실시해야 한다.

가죽줄은 내구성이 강하다.

긴 줄은 운동할 때 좋다.

사나운 개들이나 특별히 기관지가 좋지 않은 요크셔테리어 같은 개들은 목 줄보다는 하니스(harness)나 할터(halter)가 더 좋다. 할터는 말에 쓰는 것과 비슷한데 힘이 센 큰 개를 다루기에 적당하다.(개가 힘으로 끌고 나갈 때 할터 에 압력이 가해져서 고개를 들 수 없게 된다.) 어떤 줄이 제일 알맞은 지는 수 의사에게 문의하는 것이 좋다.

잠자리

모든 개들은 편안함을 느낄 수 있 는 자기만의 공간을 좋아한다. 그 공 간은 바람을 막아주고 개를 따뜻하 게 해주어야 한다.(털이 긴 개는 털 이 짧은 개보다 추위에 강하다.) 작 은 매트리스가 깔린 플라스틱 잠자 리는 표면이 부드러워서 안락하다. 잠자리는 세탁이 가능해야 하고 안 락해야 한다. 합성피혁 재질은 세탁

밖에 두는 개집은 안락하고 뽀송뽀송해야 한다.

개들은 자기만의 공간을 좋아한다.

잠자리는 바람을 막을 수 있는 곳에 두어야 한다.

이 가능하고 따뜻해서 개들이 좋아하는 것 같다. 속에 충전재를 넣은 푹신한 잠자리는 따뜻하고 개들 몸에 잘 맞으며 아주 안락하다. 바구니 모양의 잠자리는 한 때 인기 있었지만 세탁이 어렵고 특히 강아지들이 잘 씹어서 좋지 않다.

강아지의 잠자리는 잠시 사용하는 것으로 세탁이 가능하고 쉽게 버릴 수 있는 것이 좋다. 종이박스에 앞부분을 잘라서 안에 신문을 깔거나 바구니를 사용해도 된다. 강아지가 자라면 적당한 잠자리로 바꿔주면 된다.

개를 밖에서 기르려면 안전하고 보온이 잘되는 집에다 편안한 잠자리를 넣어 주어야 한다. 바닥이 콘크리트 바닥이라면 잠자리를 더 많이 깔아주어야 한다. 개집은 여름에 너무 덥지 않게 창문 근처 통풍이 잘되고 환한 장소에 두어야 한다.

종이상자로 만들어진 간단한 개집

미용기구

모든 개들이 정기적인 미용이 필요하지만 털이 긴 종자는 특히 신경을 써야 한다. 개가 미용을 하는 동안 가만히 앉아있게 하는 것이 중요하지만 대부분의 개들은 잘 따르고 좋아하기도 한다. 몸단장은 털을 빗어서 고르고 얼굴을 씻고 발톱을 깎아주는 것인데 발톱을 손질할 때는 개전용 발톱깎기로 해야 한다. 브러쉬와 빗은 필수이고 털의 형태에 맞는 미용기구가 많이 판매되고 있는데 어떤 것이 좋은지는 당신의 개에 달려있다. 박서 같은 털이

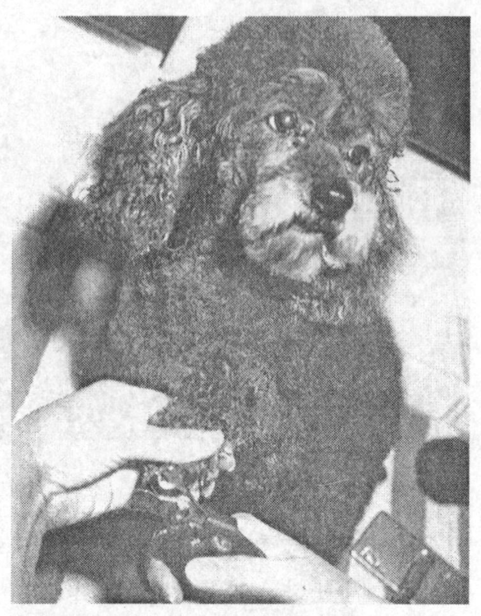

발톱을 깎는 것도 정기적인 몸단장의 일부이다.

짧은 개에게는 빗으면서 마사지도 되는 딱딱한 브러쉬가 좋지만 러프 콜리 같이 털이 긴 개에는 맞지 않는다. 고무브러쉬와 수건도 좋은데 수건으로 털을 문지르면 윤기가 난다. 요크셔테리어처럼 모질이 좋은 개는 부드러운 브러쉬와 골이 넓은 빗으로 빗어주어야 하고 쉽독처럼 털이 두꺼운 개는 부드러운 브러쉬와 빗, 뻣뻣한 털로 만든 브러쉬로 꼼꼼하게 여러 번 빗어주어야 한다. 털이 긴 개는 빠진 털을 깨끗이 정리해주는 브러쉬로 빗어주어야 한다. 털 브러쉬로 빗으면 털에서 윤이 나고 빗은 털을 나누거나 다리 부분을 빗을 때 좋다. 그리고 발 주변의 털은 가위로 잘라 준다. 푸들 같은 개는 두 달에 한번 발톱을 깎아주어야 하고 전기 발톱깎이는 정기적으로 날을 갈아주어야 한다. 애견사나 수의사에게 어떤 용품이 좋은지 문의하면 잘 알려준다.

밥그릇

개의 밥그릇과 물그릇도 있어야 하는데 사람의 식기와 섞이지 않게 주의해야 한다. 개는 아주 깨끗한 동물이지만 많은 동물질병이 불량한 위생환경에서 사람에게 전염될 수 있다. 이런 이유로 개밥을 준비할 때만 쓰는 오프너나 수저, 포크가 따로 있어야 한다.

개의 먹는 양은 덩치에 따라 다르기 때문에 큰 개는 큰 그릇을 준비해야 한다. 금속이나 플라스틱, 세라믹등 어떤 재질도 좋지만 튼튼하고 씻기 좋고 잘 뒤집어지지 않고 개가 안 씹는 것이어야 하고 개가 물고 다니지 않게 좀 무거운 편이 좋다. 개가 여러마리라도 그릇은 각각 지정해주어야 한다. 그릇은 흘려도 괜찮은 자리에 두어야한다.

밥그릇은 먹은 후에 매번 닦아주어야 하고 물은 최소한 하루에 한번은 갈아 주어야 한다.

늙은 개를 위한 높은 밥그릇

일반적인 개 밥그릇

장난감(개껌)

개들은 선천적으로 잡아당기고 쫓
아다니고 물건을 끄집어내는데 강아
지는 특히 씹기를 좋아한다. 그래서
집안의 물건을 씹게 하지 않으려면
대신 씹을 수 있는 장난감을 주어야
한다.

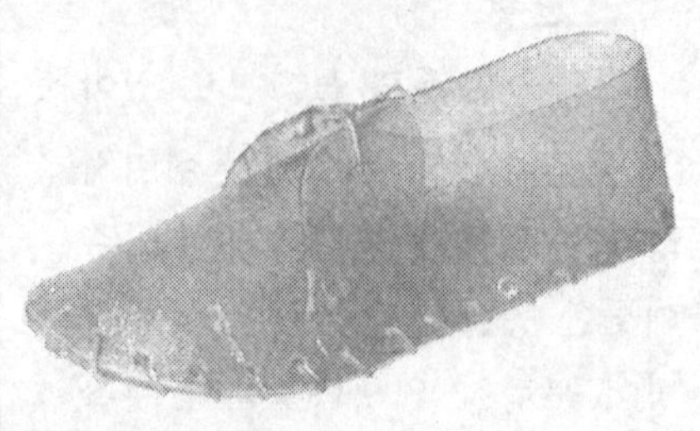

슬리퍼 모양의 개껌

장난감이 잘 만들어졌는지 삼켜지지는 않는지 살펴봐야 하고 고무나 직물
로 만든 것은 실내에서 좋고 프리스비는 밖에서 사용하면 좋다.

개들은 뼈 모양의 장난감을 좋아하고 물면 소리나는 장난감도 좋아한다.

여행

자동차를 타고 공원으로 운동을 가거나 수의사에게 가거나 좀더 먼 여행을
가는 경우에 어떤 개들은 흥분해서 짖거나 뛰고 왔다갔다해서 위험하기도 하
고 소란스럽기도 하다. 대개 여행하는 경우에 별일은 없지만 개를 안전하고
편안하게 하는 방법이 여러 가지 있다.

개는 강아지 때부터 차를 타는 데 익숙해져야 한다. 강아지들은 가끔 차멀
미를 하는데 커가면서 없어진다. 출발하기 직전에 뭘 먹여서는 안되고 긴 여

행을 하려면 운동을 좀 시켜야 하는데 두 시간 마다 한번씩 쉬면서 물도 마시게 하는 것이 좋다.

뒷좌석에 낡은 옷이나 깔개를 깔고 만약 차량이 웨건형이나 해치백형이라면 개를 뒤에 두는 것이 좋다.(개가 좌석공간으로 오지 못하게 철망으로 막아야 한다.) 크레이트(밀

애완용 캐리어는 강아지를 넣고 다니기 좋다.

폐형 개집)에 익숙한 개는 그 안에서 여행하는 동안 편안해 하고 이 방법은 개를 데리고 여행하는 가장 좋은 방법일 뿐만 아니라 사고 시에도 개가 차량의 다른 부분에 부딪히지 않게 한다. 다른 대안은 개를 위해 특별히 주문해서 만든 여행용 개집을 차안에 두는 것이다.

더운 날씨에는 차안에 바람이 잘 통하게 하고 개가 물을 마실 수 있도록 물통과 물그릇을 가지고 가야 한다. 개를 혼자 차안에 두지 말고 어쩔 수 없는 경우라면 차를 그늘에 주차시키고 환기가 잘 되게 해야 한다. 창문을 꼭 닫고 개를 차에다 두면 안된다. 개는 구조상 체온을 식히기가 어려워서 열사병에 걸리기 쉽고 한번 걸리면 치명적이다. 날씨가 정말 덥다면 차라리 집에 놔두는 것이 좋다.

차를 타고 갈 때 개의 안전을 확인해야 한다.

철망은 개가 뛰어드는 것을 막는다.

휴가

개를 기르기 전에 먼저 휴가 때 어떻게 할것인지 생각해야 한다. 근처에 봐줄만한 친구가 없다면 위탁전문 업소를 찾아야 한다. 개를 기르는 친구들에게 물어보거나 수의사를 통해 연락처를 알아 볼 수 있다.

괜찮은 업소들은 시설을 확인할 수 있게 다 개방한다. 직접 가서 운동은 잘 시키는지 몸 관리는 어떻게 하는지 살펴보고 일하는 사람과 애기해보면 알 수 있다.

종업원이 열심히 일하는 집은 대개 좋은 집이다. 그런 곳에서는 병의 전염을 막기 위해서 예방접종 증명

숙박시설에 있는 개들은 잘 보살핌을 받는다.

서를 확인하고 개의 먹이에 관한 것이나 치료, 결점들에 대해서 물을 것이다. 값은 시설에 따라 다르지만 최소한 안전하고 눈비나 추위를 피할 수 있어야 하고 적당한 사료를 주는 곳이어야 한다. 휴가 철에는 미리 예약을 하는 것이 좋다.

그런 시설에서 지내는 것이 개들에게는 특히 주인에게 집착이 강한 개일수록 고통스러운 일이다. 그러나 그런 시간은 당분간이라는 것을 개들도 배울 수 있기 때문에 개가 어릴 때 시작하는 것이 좋다. 당신이 꼼꼼하게 잘 조사한다면 당신이 없더라도 개를 잘 돌봐줄 것이라는 생각을 갖고 맡길 수 있다.

4. 강아지

강아지들은 앙증맞고 귀엽다… 하지만 손이 많이 간다.

강아지들은 손이 많이 가는 대신 장난기가 많고 사랑스러운 귀염둥이들이다. 개를 기를 생각이 전혀 없던 사람들도 귀여운 강아지들을 보면 기르고 싶다는 생각을 하기도 하고 아이들은 강아지를 키우자고 집요하게 부모를 졸라댄다. 작고 여린 생명을 보호하고자 하는 것은 모두의 본능이다.

그런데 이렇게 귀여운 강아지들이 크게 자라서 돈이 많이 들면 어떻게 하나? 어떻게 해야 말을 잘 듣게 할 수 있나? 강아지를 배변 훈련시키는데 얼마나 걸리나?

이런 질문들을 여기서 살펴본다.

출생 초기

태어난 지 2주 동안 강아지들은 전적으로 어미에 의존해서 따뜻함과 먹이를 얻고 이때쯤 눈을 뜨고 점차 주위 세상에 반응하기 시작한다. 다음 2주 동안 조금씩 혼자 할 수 있는 일이 생겨서 꼬리를 흔들고 옹알대고 짖고 몸이 체온을 더 효율적으로 조절할 수 있게 되면서 어미를 떠나 밖으로 나가기 시작한다. 이때 중요한 사회화를 시작하는데 냄새를 맡고 보고 듣고 만지고 경험하는 모든 것들이 나중에 어른이 되었을 때 도움이 된다. 이 시기에 사람을 접촉하고 점점 익숙해지는 것이 중요하다. 강아지 때 경험을 많이 할수록 나중에 더 쉽게 적응한다.

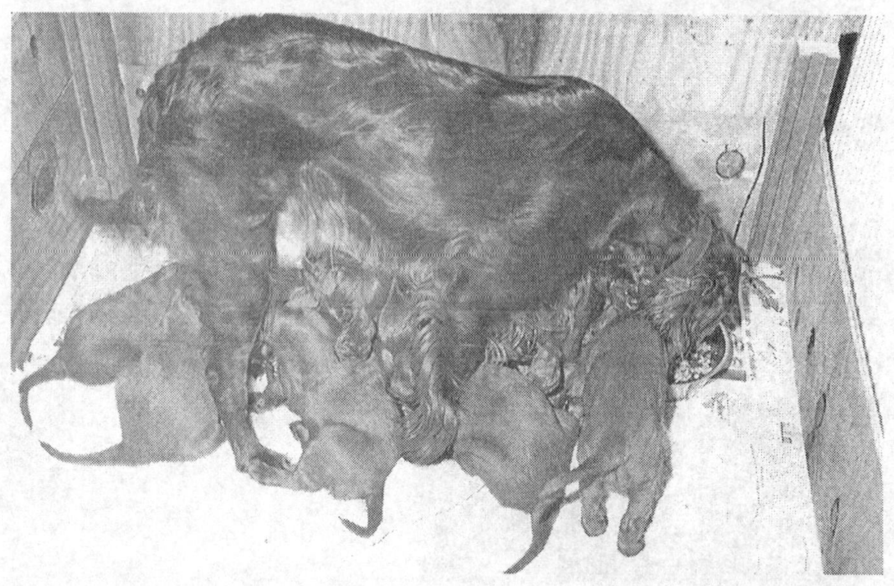

강아지들은 태어난 지 몇 주 동안은 단순히 먹고 자고 하면서 시간을 보낸다.

입양하기

강아지들은 사람의 손길에 익숙해져야한다.

강아지들은 보통 6주에서 12주 사이에 어미로부터 떨어지는데 이때는 분명히 이들에게 어려운 시기이다. 이때 새로운 주인은 강아지에게 신뢰를 심어주는 것이 중요하다. 가능하다면 강아지를 아침에 데리고 오는 것이 좋다. 그래야 잠들기 전에 새로운 집을 탐험하고 새로운 얼굴들, 냄새, 소리 같은 것에 익숙해질 수 있다. 데리러 갈 때는 두 사람이 가야 한다. 한 사람은 운전하고 한 사람은 뒷좌석에서 강아지와 같이 있어야 한다.(차멀미를 할지 모르기 때문에 뒷좌석에 수건이나 담요를 깔아야 한다.)

잠자리와 자는 시간

이런 푹신한 잠자리는 어미 품처럼 따듯하고 안락하기 때문에 강아지들한테 이상적이다.

앞에서 설명한 안전점검을 마무리 했다면 이제는 강아지에게 잠자리를 안내할 차례다. 새집에 익숙해질 때까지는 엎지르는 사고가 나더라도 쉽게 치울 수 있게 우선은 주방에다가 재우는게 좋다. 그리고 주방은 따듯하고 좋은 냄새가 많이 나서 새집에 좋은 인상을 줄 것이다. 문이 있는 개집 안에다 잠자리를 만들어 주면 자기만의 공간을 갖게 되고 장난하러 나오는 것도 막을 수 있다. 강아지는 잠을 많이 자야하기 때문에 집안의 소란에서 벗어난 조용한 장소를 마련해 주어야 한다. 그래야 식후에 잠을 잘 잘 수 있다. 대소변을 볼지 모르기 때문에 잠자리에 신문을 깔아 주는 것도 좋다.

　새로 데려온 강아지를 밤에 어떻게 해야 하는지에 대해서는 몇 가지의 이론이 있다. 아기들처럼 강아지들도 자다 깨는데 사람과 같이 있으면 편안해한다. 또 혼자 자는 것에 익숙해져야 한다고 하더라도 너무 일찍부터 혼자재우는 것은 좋지 않다. 당신이 어떻게 하는가는 이 작은 강아지에게 얼마나 단호한 모습을 보일 수 있는가에 달려 있다.

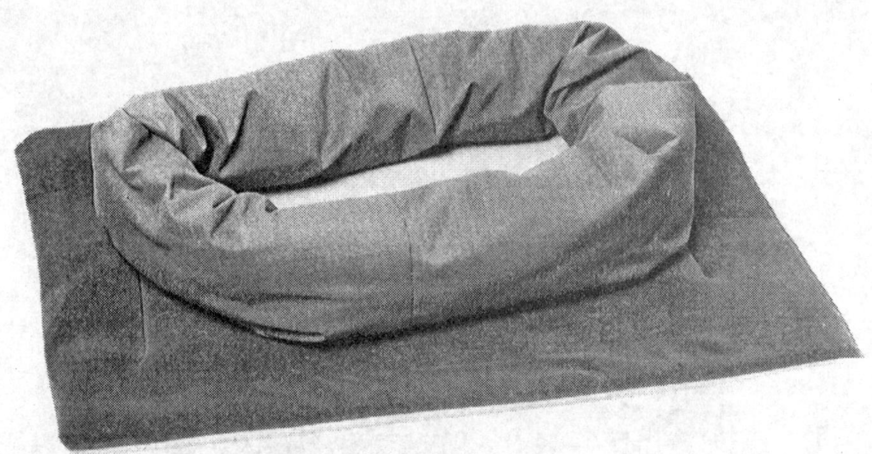

이런 둥그런 쿠션이 있는 잠자리는 강아지들에게 안전한 느낌을 준다.

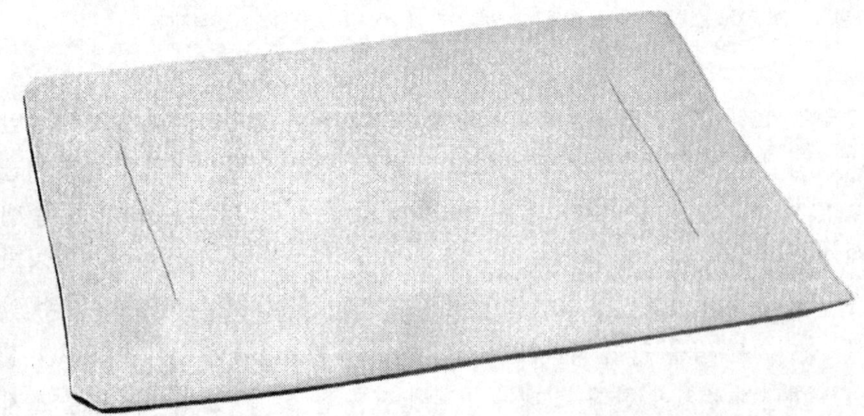

매트는 부드럽고 바닥의 냉기를 막아준다.

한 가지 추천하는 것은 잠자리 옆에 바늘소리가 들리는 시계를 두는 것이다. 시계소리가 어미의 심장박동과 비슷해서 강아지에게 도움이 된다. 낑낑거리는 것은 어쩔 수 없지만 결국에는 혼자 자야한다.

또 다른 사람들은 새집에 온 며칠 동안은 강아지를 주인과 함께 재워도 괜찮다고 한다. 이렇게 하면 사람이 가까이 있다는 것을 알고 편안해 하고 낑낑거리는 강아지를 보러 주방까지 내려갈 필요도 없는 것이다. 이 방법을 선택한다면 낮 시간 동안 강아지를 혼자 낮잠을 재우고 이런 습관을 조금 씩 늘려서 원래의 장소에서 밤에도 혼자 잘 수 있게 해야 한다.

크레이트 훈련

크레이트는 동물의 우리와 비슷하게 보이지만 개가 강아지 때부터 익숙하기만 하면 그것은 아주 안전한 공간이다. 크레이트는 문이 달린 개집보다 크기가 작고 그래서 쉬거나 잘 때만 사용한다. 낮에는 강아지를 2시간 이상 크레이트에 가두면 안 된다.

① 부드러운 잠자리를 마련해 주고 물그릇과 장난감을 넣어주어라. 문을 열어 두면 강아지가 호기심에서 안으로 들어갈 것이다.

② 강아지에게 과자를 하나 보여주고 크레이트 안으로 넣는다. 크레이트로 들어가라고 말한다. 문은 계속 열어 둔다.

③ 강아지가 그 안에서 익숙해질 때까지 문은 닫으면 안 된다. 이것은 시간이 좀 걸릴 것이다.

④ 일단 강아지가 그 안에 들어가는 것을 좋아하면 운동을 위해서 나오게 했다가 다시 들어가라고 격려한다. 그곳에서 아마 자기 전까지 조용하게 놀 것이다.

만약 당신의 개가 크레이트(밀폐형 개집)에 익숙하다면 자동차 안에서 사용할 수 있어서 여행이 더 쉽다.

가정훈련

개들은 자기들이 자는 공간이 더러워지는 것을 싫어하는 깨끗한 동물이다. 그러므로 배변훈련은 단순히 주인이 좀 편한 장소에서 배변을 하기를 가르치는 훈련이다. 그것은 꾸준함과 인내심을 요하는 과정이지만 낮 시간의 습관은 일주일 정도면 가능하다.

개들은 오줌을 누기 전에 바닥을 킁킁거리거나 빙빙 돌기도 한다. 이런 모습을 보면 재빨리 행동을 해야 한다. 왜냐하면 이런 예고 후 몇 초 만에 바로 오줌을 싸기 때문이다. 강아지

강아지에게 밖으로 나가는 것을 가르쳐라~ 빨리!

개가 물기 좋아하는 신발들은 치워야 한다.

들은 주로 잠이 깨고 난 후나 먹이를 먹은 후에 배변을 한다. 그러므로 이 때는 밖으로 데리고 나가거나 잠이 깬 장소나 먹이를 먹은 곳, 자기 전에 있는 곳에다 신문을 깔아 준다. 개에게 낮 동안에 정기적으로 배변을 할 기회를 주는 것이 중요하다.

강아지가 같은 장소에서 배변을 하도록 하기 위해서 강아지의 대변이 묻은 신문지를 새로운 신문지 아래에 깔면 강아지가 그 냄새를 맡고 그곳이 배변을 할 장소란 것을 알게 된다. 강아지를 데리고 밖으로 나갈 때도 언제나 같은 장소에서 배변을

개과자는 배변훈련을 하는 강아지에게 유용하다.

시켜야 한다. 그 때는 "빨리해!" 같은 말로 용기를 주고 일단 원하는 장소에다 배변을 하면 칭찬을 아끼지 말아야 한다.

강아지가 마루에다 배변을 했을 때 혼을 내거나 배설물을 들어 코에 대는 행동을 하면 안 된다. 왜냐하면 이런 행동은 단순히 당신을 무서워하게만 만든다. 만약 실내에서 오줌이나 똥을 싸는 모습을 보면 단호하게 "안돼!" 라고 말하고 당신이 원하는 배변장소로 데려가서 배변을 한 때 까지는 강아지와 놀아주면 안 된다.

개똥은 불쾌하기도 하지만 건강에도 좋지 않다. 그러므로 당신 개가 배변을 한 후에는 그곳을 깨끗이 치워야 한다. 비닐봉지를 사용하거나 푸퍼 스쿠퍼를 써서 치우고 개전용 쓰레기통에다 버리든지 화장실에 버리면 된다. 집으로 돌아오면 관련된 것들을 암모니아 냄새가 나지 않도록 모두 살균제로 깨끗

이 씻어야 한다. 왜냐하면 개가 이 냄새를 맡고 다시 오줌을 쌀지 모르기 때문
이다.

강아지를 혼자 자도록 가르쳐야 한다.

먹이

애견사들이 가끔 새 강아지의 주인에게 사료에 관해 일러주는데 그대로 따르는 것이 좋다. 만약에 갑자기 사료를 바꾸게 되면 소화에 문제를 일으킬 수도 있기 때문에 사료를 바꾸려면 강아지가 새사료에 적응할 수 있게 조금씩 바꿔야 한다.

마른 사료는 편리하고 맛이 좋다.

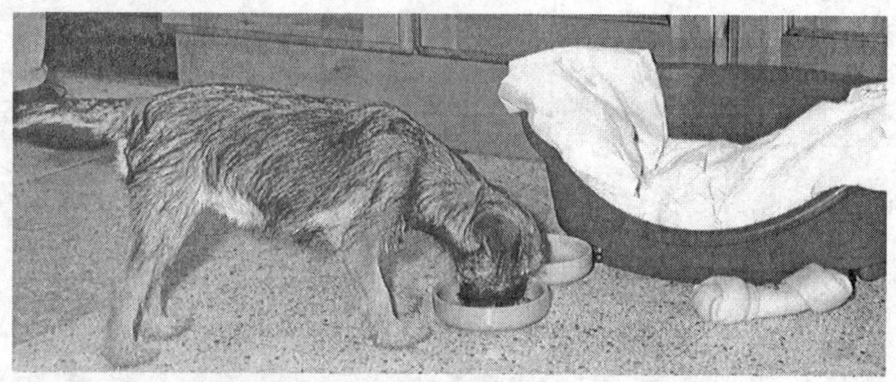
강아지의 성장에 따라 사료를 주는 횟수를 조절해야 한다.

강아지들은 보통 5~6주 정도면 젖을 뗀다. 일단 스스로 음식과 물을 먹을 수 있게 되면 조금씩 자주 먹기를 좋아한다. 8주된 강아지는 하루에 4번 조금씩 먹는다. 그 시간을 조절해서 생후 6개월에는 하루에 두 번 먹게 하고 1년이 되면 하루에 한번만 먹게 한다.(자연스럽게 먹는 양도 늘려야 한다.) 점점 자라면서 강아지는 첫째 끼니를 별로 먹지 않게 되고 다시 둘째도 안 먹고 이렇게 식사횟수를 줄이는 것은 자연스러운 것이다. 몇몇의 작은 종자나 보르조이 같은 위가 예민한 종은 다 커서도 하루에 두세 번 나눠 주는 것이 좋다.

한창 자라는 강아지에게 필요한 영양소는 상당한 양이다. 그래서 균형있는 사료를 주는 것이 개의 건강을 위해서는 필수적이다. 좋은 사료공급은 성장을 위한 강아지의 잠재력을 일깨우는데 도움을 준다. 개들은 단백질, 필수지방산, 미네랄, 비타민, 탄수화물 등이 필요하다. 칼슘은 결정적으로 중요하지만 몸 안에서 비타민C를 생산하기 때문에 과일이나 야채는 필요 없다. 물론 물도 역시 필수적이다. 그래시 모든 개들은 언제나 깨끗한 물을 미실 수 있어야 한다. 개사료 생산자들은 강아지들을 위한 특별한 사료를 생산한다. 강아지들의 칼로리 요구량은 몸에 비해서 상당히 높다. 개사료 주는 방법에 대해 궁금한 점이 있으면 수의사에게 자문을 구하면 된다.

실제 뼈다귀는 개의 입속에서 부서지기 쉬우므로 대신에 공장에서 생산된 인공뼈를 사용하는 것이 좋다.

강아지들은 쉬지 않고 씹어댄다. 젖니는 4~6개월 사이에 나고 성치는 6~8개월 사이에 다시 난다. 씹는 것은 이 과정에서 생기는데 이빨이 나는 고통을 뭘 씹으면서 위안하는 것이다. 손상되기 쉬운 물건들은 안 보이는 곳으로 치우고 전기코드에는 매운 후추 같은 것을 뿌려 둔다. 아니면 수의사나 애견전문점에서 무해하고 쓴맛이 나는 스프레이를 사서 씹으면 안 되는 물건에 뿌려두면 된다. 강아지에게 고무뼈와 같이 씹을 수 있는 것을 주면 좋다. 하지만 안 쓰는 신발 같은 것은 주면 안 된다. 왜냐하면 개는 어떤 것이 안 쓰는 것이고 어떤 것이 쓰는 것이지 구분하지 못하기 때문이다. 당신의 강아지가 어떤 것은 씹어도 되고 어떤 것은 씹어서는 안 된다는 것을 알게 해야 한다. 한번 나쁜 습관이 들면 고치기 어렵다.

씹기를 좋아하는 강아지는 아무 물건이나 못 씹게 해야 한다.

사료를 먹을 때의 습관

개들은 자기의 밥그릇을 지키려는 본능이 있어서 식사시간에는 너무 열성적이다. 강아지가 이러는 것은 귀엽게 보이지만 큰개가 그러면 보기 안 좋다. 그때는 개가 사료를 먹을 때 일부러 다가가서 그릇을 툭툭 치거나 살짝 옮겨봐라. 그래도 별 불평이 없으면 보상을 주어서 이런 식

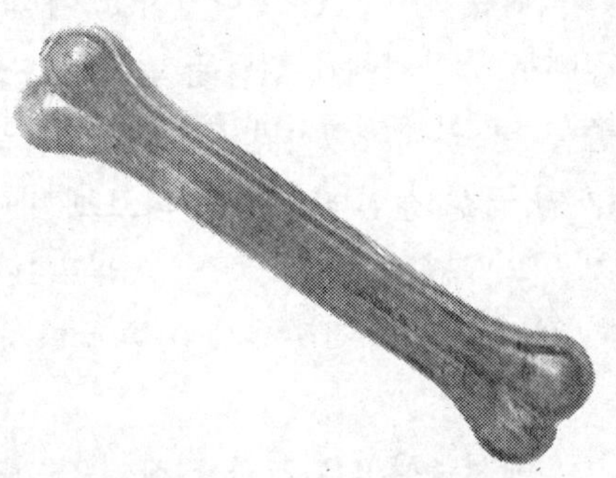
강아지에게 씹을 수 있는 가짜 뼈를 주어라.

으로 개를 익숙하게 해서 자기의 먹이가 안전하다는 것을 이해시키고 점차 지키려는 본능을 약화시켜야 한다.

개들은 또 주인이 식사를 한 후에 자기 그릇에 먹는다는 것을 알아야 한다. 이렇게 하면 개에게 주인이 우월하고 가정이라는 집단에서 지도자라는 것을 알게 한다.

예방접종

강아지가 예방접종을 완벽히 마칠 때까지는 다른 개들이나 손님의 옷 같은 것으로부터 감염의 위험이 있다. 접종을 마칠 때까지는 밖으로 나가는 것을 제한해야 한다.

　　백신은 강아지별로 다양하고 어떤 지역의 질병 문제뿐만 아니라 어미개의 젖에서 강아지에게 전달된 면역의 수준도 고려한다. 수의사가 적절한 예방 접종을 잘 안내하겠지만 강아지들은 일반적으로 8주, 12주, 18주에 디스템퍼(개의 급성 전염병), 간염, 파르보 바이러스, 유행성 출혈열의 접종을 받는다. 첫 번의 복합접종은 8주에 그리고 12주에 다시 접종하고 이때 파르보 바이러스 백신을 처음 접종해서 18주에 다시 접종한다.

　　유행성출혈열은 간과 신장에 영향을 주는 박테리아성 질병이고 파르보 바이러스는 심장과 장에 영향을 주는 전염성이 높고 치명적인 바이러스성 질병이다. 첫 번의 예방접종 때 감기 예방접종도 같이 접종될 수도 있다. 재접종은 평생 정기적으로 맞아야 하는데 간염 백신은 한 번 맞으면 다시 맞을 필요가 없다.

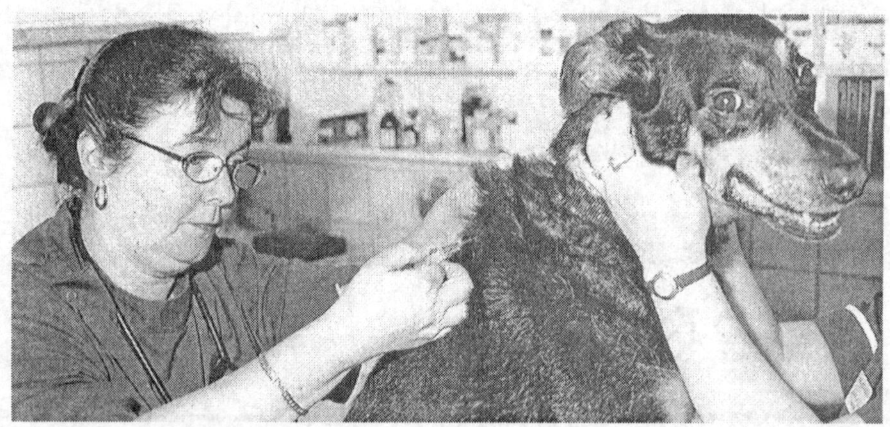

모든 개들은 일반적인 개 질병을 예방하기 위해서 예방접종을 받아야 한다.

기본 훈련과 운동

집에 데려와서 사용하는 이름은 강아지의 훈련에서 중요한 부분이다. 간단하고 단순한 이름을 정해서 부를 때마다 자주 사용하라.

강아지는 간단한 몇마디는 알아들을 수 있고 실제 언어의 뜻보다는 목소리의 음정으로 더 잘 반응한다. 그러므로 명령을 위해서는 한가지 단어만을 선택해서 계속 사용해야 한다. 예를 들어 "이리와"나 "여기로"를 같은 의미로 사용하면 개는 혼란스럽다. 개에게 부드럽게 말을 해도 당신이 말하는 것을 강하게 새긴다. 밖에서는 명령을 할 때 손동작을 사용하는 것이 좋다. 강아지들은 활동적인 동물이지만 빨리 지친다. 그들을 성견처럼 운동하게 해서는 안된다. 덩치가 큰 종의 개라도 작은 종보다 성숙하는데 더 오래 걸리고 너무 심한 운동은 다리와 관절에 영구적인 악영향을 줄 수 있다는 것을 주의해야 한다. 강아지들은 관심의 폭이 제한되어 있기 때문에 훈련 시간을 짧게 해야 한다. 강아지들에게는 하루에 15분 씩 4번의 훈련이면 충분하다.

강아지를 집으로 데려 오자마자 알아야 하는 원칙이 있다.

* 목줄을 하고 줄을 달며 가족에게 복종한다.
* 사료는 자기 밥그릇에만 먹는다.
* 자기 잠자리에서만 잔다.
* 부르면 온다.
* 명령에 따라 기다린다.

개가 명령에 따랐을 때는 항상 칭찬을 해야 한다. 당신이 만족했다는 것을 보여주는 방법으로 보상도 좋은 방법이다. 그러나 훈련을 계속하면서 보상을 점차 줄여서 보상 없이 명령을 따르게 해야 한다. 가장 중요한 점은 훈련을 하는 것을 놀이라고 생각하게 즐겁게 해야 한다는 것이다. 당신에게는 인내심과 이성을 유지하는 것이 필요하다. 훈련을 마칠 때는 항상 잠시라도 즐거운 놀이시간을 갖는 것이 중요하다.

명령

강아지에게 목줄과 줄을 매는 훈련

① 문 앞에서 목줄과 줄을 보여주고 냄새를 맡게 한다.

재빠르게 목줄과 줄을 매서 익숙하게 하고 너무 당겨서 목이 조이게 하거나 큰 개에게 쓰는 체크 체인을 사용하면 안 된다. 갑자기 잡아당기면 개를 놀라게 하고 너무 느슨하면 장애물에 걸려서 벗겨져서 개를 놓칠 수 있다.

② 목줄에 가벼운 줄을 연결해서 개의 이름을 부르면서 여유 있게 걷기 시작한다. 만약 개가 방향을 바꾸면 같이 따라 걸으며 당기지 말고 말을 한다. 손으로 쓰다듬어서 방향을 유도한다.

몇 번 훈련을 해서 집에서 목줄과 줄을 하는 것에 익숙해지면 15분 정도 거리를 걸으면서 복잡한 교통과 많은 사람들과 소음을 개에게 이해시키도록 노력해야 한다.

새로운 경험

강아지에게 집 밖의 세상은 이상하고 무섭고 호기심을 유발하는 것이기 때문에 새로운 경험에 대처하는 훈련을 할 필요가 있다. 이렇게 하기 위해서 집에서 간단한 명령을 이해하게 하고 낯선 사람을 만나게 하고 어린이들을 만나게 하고 차를 타고 가는 것에도 익숙하게 하고 다른 동물들과도 접촉하고 거리를 익히는 등 다양한 경험을 하게 해야 한다.

낯선 사람과 익숙해지기 위해서는

순종적인 개는 명령에 바로 반응한다.

수염이 있다거나 모자를 썼다거나 이상한 물건을 든 사람들처럼 당신과 완전히 달라 보이는 사람들과 만나게 한다. 개에게 이런 사람들을 냄새 맡게 해서 낯선 사람들도 친절한 사람이라는 것을 깨닫게 해야 한다. 집안에서나 밖에서나 그런 만남을 여러 번 갖게 되면 개가 낯선 사람의 접근에도 놀라지 않는다. 개와 마주치면 허리를 숙여서 작은 먹이라도 주는 것이 좋다.

개가 준비가 되었다고 생각했을 때 거리를 익히게 해야 한다. 이것은 개를 위한 생존의 기술이다. 개는 도로와 마주치면 반드시 멈추어야 한다. 작은개에게 차량들은 처음에 무섭게 보이겠지만 소음과 냄새에 익숙해지면 도로와 만날 때마다 항상 멈추도록 명령해야 한다. 개는 곧 도로를 건너기 전에 멈춰서서 당신의 명령을 기다려야 한다는 것을 배울 것이다. 아무리 잘 훈련된 개라 하더라도 복잡한 도심에 풀어놓으면 안 된다.

다른 동물과 친해지는 연습도 필요하다.

5. 운동과 훈련

　개들은 가족 내에서 자신의 공간과 위상을 알도록 훈련되어야 한다. 영리하더라도 훈련을 하지 않은 개들은 여러가지 문제와 부딪히는데 교통사고를 유발한다든지, 다른 동물을 놀라게 한다든지, 행인을 겁준다든지 해서 이웃들 사이에서 인기가 없게 된다. 개를 잘 훈련시키지 않으면 어쩔 수 없는 것이다. 나쁜 행동을 한 개들도 저지른 일에 대해 나무라면 안 된다. 잘못은 주인에게 있는 것이다.

개들은 낯선 사람에게 무조건 달려들지 않도록 훈련받아야 한다.

운동

모든 개에게 운동은 필수적이지만 필요량은 나이나 크기나 종에 따라서 다 다르다. 개를 마당에서만 운동을 시키는 것은 충분하지 않다. 왜냐하면 적절한 운동을 하지 않은 개는 파괴적으로 변하거나 큰 사고를 칠 수도 있기 때문이다. 잘 짜여진 운동은 개에게 유익하다. 육체적으로 에너지를 발산하게 하고 정신적으로는 놀이를 통한 자극이 되는 것이다. 매일 똑같은 운동을 반복하지 말고 다른 길을 걷는다거나 좀더 길게 운동을 한다거나 어떤 날은 공원에서 놀이로서 마무리를 한다거나 하는 변화가 필요하다. 하지만 이런 일을 매일 하고 싶지 않다면 하지 마라. 의무는 아니니까!

보통 덩치가 큰 개는 작은 종보다 더 많은 운동이 필요하다. 하지만 예외는 있다. 보더 콜리는 괜찮지만 세이트 버나드는 매일 똑같은 곳에서 운동하는 것을 좋아하지 않는다. 일단 줄을 풀게 되면 활동적인 강아지는 당신이 걷는 거리의 두세 배는 뛸 것이다. 골든 레트리버 같은 중형견들은 매일 5~6km 정도 걷는 것을 좋아하고 성숙한 아프칸 하운드 같은 좀더 큰 개들은 이것보다 더 걸어야 한다. 늙은 개들은 하루에 한 번 운동하는 것보다 두 번에 나누어서 하는 것이 좋다.

운동은 당신이나 개에게 즐거운 시간이다.

놀이

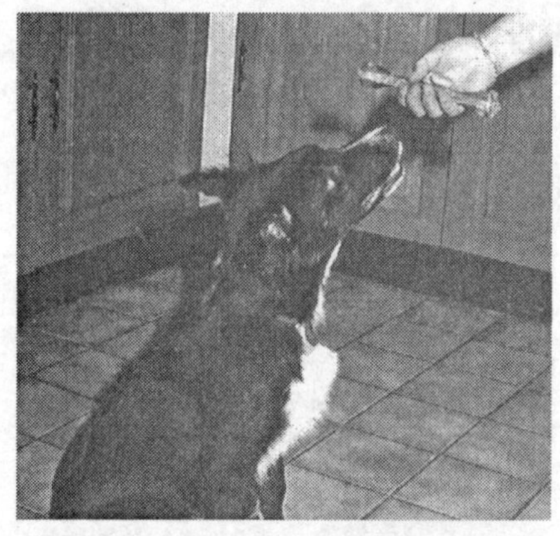
개에게 자극이 되는 장난감이 좋다.

개와 노는 것은 주인의 통제와 지배를 강화할뿐더러 정신적 육체적 자극도 된다. 놀이를 통해서 에너지를 발산하고 긴장을 유지하며 파괴적인 행동의 위험을 줄일 수 있다. 당신은 개에게 맞는 놀이를 준비해야 한다. 늙거나 허약한 개들은 놀이를 과도하게 하면 흥미를 잃게 되고 격렬한 동작은 위험할 수 있다.

보통은 막대기를 던져주면 찾아서 가져오는 놀이를 많이 하는데 그것 말고도 여러 가지 개와 즐길 수 있는 놀이가 있다. 프리스비나 공, 개 장난감으로 즐겨 봐라. 개는 프리스비를 잡아서 가져오는 것에 재미있어 한다. 개는 또 공을 단순히 따라다니면서 노는 것을 좋아하는데 이것은 사냥감을 쫓는 자연적인 본능에서 나온 것이다. 개가 공을 잡아서 당신에게 가져오도록 격려하라.(공을 개에게 직접 던지면 상처를 입을 수 있으니까 다른 곳으로 던지면 개가 쫓아 갈 것이다.) 개가 물고 잡아당기기를 좋아하면 여기에 쓰는 장난감은 찢어지지 않는 튼튼한 것을 사용해야 한다. 실내에서는 과자를 숨겨놓고 찾는 놀이를 하면 사냥처럼 재미있고 개에게 자극이 된다.

놀이를 마치면서 중요한 점은 언제나 승리자는 인간이어야 한다는 점이다. 그렇지 않으면 개는 주인을 지배자가 아닌 동등한 서열로 생각할 수 있다. 놀이를 마치면 놀이기구는 가방이나 박스에 담아서 개가 닿지 않게 해야 한다. 그래야만 개는 그 기구는 주인의 것이고 주인이 허락할 때만 갖고 놀 수 있다는 것을 알게 된다. 놀이기구는 한두 개 정도로 개의 것을 구별해서 필요할 때 언제든지 사용할 수 있어야 한다.

같이 놀기를 좋아하는 개들-장애물을 빠져나가기는 정신적 육체적으로 자극제가 된다.

민첩성 훈련-어떤 종들은 뛰어서 고리를 통과하거나 장애물을 넘기를 좋아한다.

다른 개와 사귀기

　　개들은 서로 놀기를 좋아한다. 암컷이 수컷보다 더 좋아하고 수컷은 처음에는 영역확보에 더 관심이 있다. 개들은 중간영역으로 간주되는 영역에서 걷다가 다른 개들을 만나면 서로 좋아한다. 개들이 서로 냄새를 맡도록 하는데 노려보는 것 같은 공격의 신호가 나오는 지 몸짓을 잘 지켜봐야 한다. 만약 이런 상황이 생기면 장난감 같은 것으로 관심을 돌려주어야 한다. 암수가 다른 경우는 싸움이 잘 일어나지 않는다. 그러나 개들이 처음 만날 때는 줄을 놓치지 않게 조심해야 한다. 그리고 적절히 얌전하고 조심스런 행동을 했다고 칭찬해줄 필요도 있다.

늙은 개에게 강아지를 소개하라. 서로 친해질 때까지는 둘만 두면 안 된다.

두 마리 개가 잡아당기는 놀이를 하고 있다.

두 마리 개가 서로 만나면 냄새를 맡아서 성별과 나이와 서열을 확인한다.

훈련

손을 이용해서 명령하는 것은(이것은 "정지"라는 명령) 훈련하는 동안 음성명령을 강조하는 역할을 한다.

훈련은 세 가지 범주로 나눌 수 있다. 첫째, 행위훈련은 개의 기본적인 행동을 가르치는 것으로 사람들에게 어떻게 행동하고 줄을 잡고 걸을 때는 어떻게 하며 배변훈련은 어떻게 하는가? 같은 것이다. 둘째, 복종훈련은 개에게 특별한 행동을 하도록 하는 것으로 천천히 걷거나 앉거나 기다리게 하는 것이다. 셋째, 활동훈련은 개가 무었을 찾아오거나 가축을 몰거나 민첩성 훈련을 하는 것이다.

훈련은 인간을 집단의 리더로 확인시키는 데 도움을 준다. 개가 주인을 존중하면 그의 명령을 따르게 되므로 훈련할 때 말을 안 듣는다고 소리를 지르거나 화를 내서는 안 되고 꾸준하게 시간을 갖고 명령을 가르쳐야 한다. 개의 불복종은 혼동이 원인이거나 의사소통에 문제가 있는 경우이다. 개가 당신의 의도를 모르면 명령을 수행할 수 없는 것이다. 소리를 지르거나 벌을 주면 개를 겁먹게 하고 이런 행동을 하는 주인에게 오히려 걱정거리가 될 뿐이다.(그렇게 가르치면 개를 공격적으로 만든다.) 복종하지 않는 개를 벌주는 가장 좋은 방법은 무시하는 것이다. 대부분의 개들은 관심을 원하고 집단의 일부로 느끼기를 원하기 때문에 10분만 무관심을 보이면 어떤 육체적, 언어적 벌보다 더 효과가 있는 것이다.

매일 20분 정도씩 훈련을 하는 것이 좋고 한꺼번에 몰아치기로 하면 당시는 성공한 것처럼 보여도 지속되지 않는다. 개를 자주 칭찬해주고 격려해주어야 한다. 그렇게 부드러운 말로 명령을 하면 명령을 하는 말을 칭찬을 하는 말의 일부라고 생각하게 된다. 칭찬하는 말에 명령하는 말이 포함되면 실제 명령을 하지 않고도 개가 스스로 하게 만든다.

어린 개에게 명령을 가르치는 것은 상대적으로 쉽다. 그리고 만약 강아지 때부터 시작했다면 더 쉽다. 우리는 이런 말을 들은 적이 있을 것이다. "늙은 개에게는 새로운 기술을 가르칠 수 없다." 이 말을 명심하고 당신의 개와 꾸준히 노력해야 한다.

아이들과 친해지기

어린이들은 개를 적절히 다루는 방법을 배워야 하고 개도 아이들과 어떻게 지내야 하는지를 배워야 한다. 개들은 어린이들이 어른들보다 작고(개 자신보다도 작은 경우도 있고) 집단의 리더가 아니란 것을 알기 때문에 물거나 으르렁거려서 지배하려고 한다.

어린이들은 개를 바로 다루는 방법을 배워야 한다.

아이들이 꼬리를 잡아당겨서 개를 약 올리지 못하게 하고 개의 고유한 영역을 침범하거나 등에 올라타려고 하거나 곰인형처럼 개를 쥐어짜지 못하게 해야 한다. 아이들은 모든 개가 다 온순한 것은 아니란 것을 알아야하고 개에게 접근할 때는 조심해야 한다는 것을 알아야 한다. 아이들에게 개가 왜 앞발을 들고 아이에게 덤비는지 어떻게 대처하는지를 설명해야 한다. 어린이들이 공포에 휩싸여 손을 내젓거나 비명을 지르면 개는 장난을 한다고 생각하고 계속하려고 한다는 것을 알아야 한다. 어린이가 이런 점을 이해하고 육체적으로 개를 지배할 만큼 충분히 크기 전에는 개와 어린이를 둘만 두어서는 안 된다.

개에게 어린이를 소개하는 방법

① 개에게 줄을 매고 아이가 접근하도록 한다. 이때 아이는 개보다는 당신의 눈을 쳐다보아야 한다. 개는 아이가 쳐다보면 위협적으로 느낄 것이다. 왜냐하면 노려보는 것을 공격적인 행동으로 해석하기 때문이다.

② 아이가 개의 몸을 다독거리게 하는데 머리는 치지 말라고 말해야 한다.

③ 개가 상냥하면 칭찬을 하고 냉정하거나 으르렁대면 꾸짖어야 한다.

개들은 아이들이 주위에서 노는 동안에는 개가 좋아하는 공 같은 것으로 놀더라도 가만히 앉아 있도록 훈련해야 한다. 일단 개가 아이와 같이 놀아도 괜찮다고 느끼더라도 아이는 잘 걸을 수 있는 정도는 되어야 한다. 당신의 개가 경계하거나 쫓는 경향이 있다면 또는 전에 누군가를 위협했던 적이 있다면 아이들과 있게 할 때는 입마개를 하는 것이 현명하다.

개들은 보통 아기들에게 관심이 많다. 그러므로 최근에 집에 아기가 생겼거든 친구나 동료에게 부탁해서 개에게 아기를 소개하는 것이 좋다. 아기의 요동치는 팔다리와 울음소리는 평온한 개라도 놀라게 할 수 있다. 그러므로 개가 이 상황에 적응하는 것이 중요하다. 한 사람은 아기를 안고 다른 한 사람은 개의 머리를 붙잡고 아기를 보고 냄새를 맡게 하는데 건드리지는 못하게 하라. 만약 개가 잘 행동하면 칭찬을 하고 아기가 있는 방에서 개와 놀아 주어라. 그리고 아기가 있는 곳에서 개에게 먹이를 주면 개는 당신의 애정을 빼앗기지 않는다는 것을 알게 된다.

당신의 개가 아무리 순하더라도 아기나 어린아이와 둘만 두어서는 절대 안 된다는 것을 명심하라.

칭찬하기

개를 격려하는 가장 좋은 방법은 긍정적 격려인데 잘했을 때는 보상을 하고 못했을 때는 무시를 하거나 부드럽게 타이르는 것이다. 욕을 하거나 벌을 주는 것은 효과도 없고 의기소침하게 만든다. 칭찬을 하면 개가 점점 바람직한 행동을 하고 개를 혼을 내면 그렇지 않게 된다. 행위의 일관성이 있어야 하고 인내심을 갖고 기다리는 것이 중요하다. 일관성이 없으면 개는 칭찬과 꾸중을 혼동하기 쉽다. 예를 들어보자. 만약 당신의 개가 들판 끝에 서서 여러 번 불러도 무시하면 당신은 기로에 서게 된다. 개가 결과적으로 돌아봤을 때 당신이 소리를 지르고 화를 내면 개의 입장에서는 명령에 따르고도(좀 늦게) 벌을 받는 경우를 당하는 것이다. 이때는 개를 칭찬했어야 한다. 개는 가장 최근의 행동과 칭찬과 벌을 연계한다. 그러므로 이 경우는 잘하고도 벌을 받은 것이 된다.

잘한 행동에 대한 보상을 해줘야 한다.

먹이를 사용하기

배우는데 동기를 주기위해 먹이를 사용하는 것은 논란의 여지가 있다. 대부분의 사육사들은 개에게 명령을 가르치는 초기단계에서는 효과가 있다는 것을 인정한다. 그러나 다른 사람들은 개는 주인이 하라고 명령하면 그렇게 따라야만 한다고 믿는다. 어떤 사람들은 칭찬의 대가로 먹이를 주는 것을 싫어한다.

개들은 잘했을 때 보상이 따른다는 것을 알면 그것이 과자건 장난감이건 단순한 칭찬이건 아주 잘 수행한다는 것은 분명하다. 이 요령으로 어떻게 하는 것이 개를 가장 잘 다루는 것인가를 알 수 있을 것이다.

처음에 새로운 명령을 가르칠 때는 잘 할 때마다 과자를 준다. 그런 다음 아무 때나 주면 개는 과자를 얻기 위해서 더 열심히 노력할 것이다.

개는 일반적으로 보상이 주어지면 더 잘한다.

특수기구

이 책에서 소개한 훈련을 위해서
는 어떤 특수한 기구도 필요하지 않
다. 그러나 일부 흥분을 잘하는 개들
이나 특히 덩치가 큰 개들은 헤드할
터나 하니스가 있다면 다루기 더 쉬
울 것이다. 호흡기가 예민한 개들이

공격적인 개들을 제어하기 위해서 사용하는 입마
개.

나 목이 강하고 머리가 작은 개들은 줄보다는 하니스가 더 좋다. 헤드할터는
말이 사용하는 홀스할터와 비슷한데 개가 앞으로 끌고 나가려고 하면 고개가
아래로 당겨지게 한다. 이런 것들은 큰 개들을 다룰 때 필요한 것들이다.

당신의 개가 육식기질을 갖고 있어서 뭘 잡아먹으려고 한다든가 지나가다
가 아무거나 마구 먹는다든가 파괴적이거나 공격적이라면 입마개 하는 것을
고려해야 한다. 당신의 개가 처음으로 아기나 아이들을 만날 때도 입마개를
씌우는 것이 현명하다. 개들은 처음에는 갑갑해 하지만 빨리 적응해서 입마개
를 하고도 충분히 짖거나 헐떡일 수 있다. 입마개를 했을 때에는 감독을 철저
히 해야 한다.

훈련 방법

* 방해 없는 조용한 장소에서 개를 훈련한다.
* 개에게 화를 내거나 벌을 주어서는 안 된다.
* 잘했을 때는 먹을 것이나 장난감이나 그냥 칭찬이라도 보상을 해라.
* 한 번에 한 가지씩 배우도록 집중하라.
* 훈련을 즐겨야 한다.

기본 명령

기억훈련 : "이리 와"

이 명령어는 제일 기본적인 명령으로 이 명령이 없이는 어떤 다른 과정으로도 넘어 갈수 없다. 먼저 실내에서 기억훈련을 하고 다음 한정된 바깥공간으로 이동한다. 개가 달아나서 돌아오지 않을 것 같으면 줄을 풀면 안 된다. 개를 큰 소리로 꾸짖으면 개는 벌을 받는다고 생각하고 훈련을 받기 싫어한다.

실내에서

① 개와 약간 떨어진 거리에서 손에 과자를 들고 선다. 개에게 과자를 보여주고 이름을 부르면서 "이리와"라고 명령한다.

② 개가 당신에게 오면 부드러운 목소리로 잘했다고 칭찬하고 무릎을 구부려서 과자를 개에게 더 가까이 가져가고 팔을 벌려서 환영하는 자세를 취한다.

③ 일단 개가 당신에게 완선히 오면 무릎을 꿇고 눈높이를 맞추어서 칭찬을 하고 과자를 주고 나독거린다.

외부(한정된 공간)

① 많은 개들, 특히 강아지들은 줄에 묶여 통제되는 것을 싫어해서 일단 줄을 풀어주면 달아날 것이다. 이 상황이 되면 자유를 포기하지 않을 것이고 그렇게 몇 분 뛰게 내버려둔다. 좀 차분해지면 이름을 부르면서 "이리 와" 하고 부른다.

② 그러면 개는 아마 당신에게 한두 발 다가오며 반응을 보일 것이다. 이때 잘했다고 칭찬을 한다.

③ 한걸음 뒤로 물러나서 개에게 더 가까이 오라고 당신의 다리를 툭툭 쳐서 당신이 어디로 갈 것임을 보여준다. 개가 오면 칭찬을 하며 천천히 줄을 연결하고 머리를 다독이며 과자를 준다.

④ 개가 명령에 따르도록 훈련하기는 처음부터 되는 일이 아니고 시간이 걸리고 인내심이 필요한 일이다. 만약 개가 반쯤 오다가 거기서 머뭇거리면 개의 시선 밖으로 움직여라. 그러면 호기심에서 당신을 따를 것이다. 절대 말을 듣지 않았다고 개를 혼내지 마라. 대신에 즉시 응답할 때까지 훈련을 계속해라. 그래서 이 명령이 완벽하게 심어졌다고 느끼면 개방된 장소에서 다시 시도한다.

요령

당신의 개가 과자에 반응을 보이지 않으면 장난감을 사용하고 그것도 별 관심을 끌지 못하면 삑삑 소리 나는 인형을 사용하면 된다.

"앉아!"

당신의 개가 "이리와"라는 명령을 배웠다면 다음은 앉으라는 명령을 배울 차례이다. 일부의 개들은 단순히 말로 "앉아!" 하면 얌전하게 엉덩이를 땅에 내려놓는데 다른 개들은 더 형식적인 훈련이 필요하다.

① 개에게 줄을 연결하고 조용하게 말한다. 개와 얼굴을 마주보다가 시선을 돌린다. 왼손에는 줄을 잡고 오른 손에는 과자를 잡는다.

② 개에 오라고 말하고 개가 오면 오른 손을 개의 머리 위로 천천히 올린다. 개는 과자를 쳐다볼 것이다. 개가 앉기 위해서 다리를 구부릴 때 명령을 한다. "앉아!" 그렇게 앉으면 개를 칭찬하고 과자를 준다.

③ 개에게 이 명령을 실행하면서 말만으로 이 명령을 수행할 때까지 점차 과자를 줄인다.

요령

만약 개가 앉지를 않으면 목줄을 한 손으로 잡고 다른 한 손으로 궁둥이를 누르면서 "앉아!"라고 명령한다. 일단 이것이 이루어지면 칭찬으로 당신이 만족했다는 것을 보여주라.

"기다려!"

일단 앉는 명령을 개가 배웠으면 다음은 기다리는 명령을 가르친다.

강아지는 줄을 매고 있을 때 앉아서 기다리는 것을 배워야 한다.

① 개의 목줄에 줄을 맨다. 개에게 앉으라고 명령을 하고 앉으면 줄을 느슨하게 하고 몇 걸음 물러난다. 이 때 "기다려!" 라고 명령한다. 당신은 손바닥을 펴서 개의 얼굴 앞으로 내미는 손동작으로 명령을 보완할 수 있다.(일관성이 있어야 한다는 사실을 명심해야 한다. 일단 한번 손동작으로 명령을 시작했으면 계속 손으로 명령을 해야 한다.)

② 개의 눈을 보면서 개의 주위를 한 바퀴 돈다. 만약 개가 일어나려고 한다면 다시 앉게 한다. 개가 다섯을 셀 동안 그대로 있으면 개에게 가서 칭찬을 하고 과자를 준다. 점차 더 멀리 더 오랫동안 떨어지는 훈련을 계속한다.

③ 일단 당신의 개가 이것을 소화했다면 전체의 명령을 연습한다. 그러나 이때는 줄을 놓고 해야 한다. 개가 가만히 앉아있는 동안 과자를 주고 칭찬을 한다. 명심할 것은 개가 움직이기 전에 이렇게 해야 한다는 것이다.

당신의 명령에 잘 따른다고 확신할 때까지는 공공장소에서 줄을 풀면 안 된다.

요령

이 훈련은 개에게 아주 어려운 일이다. 왜냐하면 개의 자연적인 본능은 당신에게 달려가는 것이기 때문이다. 만약 개가 일어나서 기다리지 않으려고 한다면 한 손으로는 목줄을 잡고 한 손으로는 엉덩이를 밀어서 앉혀야 한다.

"엎드려!"

당신의 개가 나이가 들어도 산만하게 행동한다면 엎드리라는 명령을 가르쳐야 한다. 당신이 개를 훈련해서 이 명령에 복종시킬 수 있다면 개가 사람을 보고 앞다리를 들어서 뛰는 행동을 하는 것을 통제할 수 있다는 것이다. 처음 훈련은 조용한 장소에서 해야 한다.

① 한 손에 과자를 숨기고 개에게 앉으라고 말하고 개가 앉으면 손에 있는 과자를 보여준다.

② 과자를 잡은 손을 바닥으로 옮기면서 "엎드려!" 라고 명령하면 개는 과자를 따라서 엎드리는 자세로 변할 것이다. 그러면 과자를 주고 칭찬을 하면서 반복 훈련을 한다.

요령

개가 엎드리지 않으려고 하면 겁을 먹고 엎드리는 높이로 들어올렸다가 한 손바닥 위에 개의 앞발을 올려서 내려놓고 칭찬을 한다. 만약 뛰려고 하면 몇 초 동안 어깨를 부드럽게 눌러서 제어한다.

"엎드려서 기다려!"

① 개를 줄에 매서 엎드리는 자세를 하게 한 후 "기다려!" 라고 명령하고 줄을 손에 잡은 채로 몇 걸음 물러난다. 물러날 때는 눈을 마주보면서 물러난다. "기다려!" 라는 명령을 반복하고 개를 칭찬한다. 연습하면서 점점 시간을 길게 엎드려서 기다리게 한다.

② 당신이 없을 때에도 개를 엎드려서 기다리게 훈련하려면 개가 엎드린 상태에서 1~3걸음을 걷다가 방을 나가버린다. 문틈이나 거울로 개가 움직이는지 확인하다가 개가 엎드려있는 동안 몇 분 후에 돌아와서 칭찬을 한다. 이것을 평온하게 해야 개를 흥분시키지 않는다.

요령

만약 개가 당신이 나갔을 때 일어났다면 돌아와서 다시 엎드리게 하고 "기다려!"를 명령한다. 그리고 이때는 그 방에 남아서 개의 움직임을 지켜본다.

줄 없이 조용히 걷기: "천천히!"

강아지들은 사람과 같이 있기를 좋아하기 때문에 자연히 주인을 따른다. 이것은 강아지 때부터 줄을 매지 않고 개가 사람과 옆에서 같이 걷게 하는 단순한 훈련이다.

① 개를 당신의 왼쪽에 두고 오른 손으로는 과자를 들고 왼손으로 목줄을 부드럽게 잡고 개의 이름을 부르면서 과자를 보여준다.

② 똑바로 걸으면서 당신이 "천천히!"란 명령을 할 때 개가 과자를 따르게 한다.

③ "기다려!"하고 몸을 구부려서 개의 오른쪽에서 과자를 보여준다.

④ 개의 코 가까이에 과자를 집고 오른쪽으로 돌면서 "천천히!" 라는 명령을 반복한다. 개는 당신과 과자를 따르기 위해서 속도를 올릴 것이다.

⑤ 왼손으로 목줄을 잡고 개를 부드럽게 왼쪽으로 이끈다. 과자를 쥔 오른 손은 밑으로 내려서 개가 당신을 따라서 왼쪽으로 돌게 한다.

⑥ 개에게 과자를 주고 칭찬을 한다.

줄을 매고 조용히 걷기: "천천히!"

대부분의 개들은 강아지 때부터 줄을 매고 조용히 걷는 것을 배운다. 개는 줄을 끌면 안 된다. 이것은 주인에게는 어깨 근육에 상처를 주고 개에게는 숨쉬는데 고통을 준다. 줄을 끌며 걷는 것은 절대 안 된다.

당신의 개를 당신의 정원처럼 조용한 곳에서 걷도록 훈련을 시작하는 것이 가장 좋다. 훈련의 목적은 당신의 개가 당신의 걷는 속도와 비슷하게 따르면서 머리는 당신의 왼발과 가까이서 걷는 것이다.

오른손으로 줄을 잡고 왼손으로 여유 줄을 잡아라.

① 개의 목줄에 줄을 매고 이름을 부르면서 명령하는 목소리로 "천천히!"라고 한다. 개가 당신을 따르면 줄을 여유 있게 잡고 앞으로 걷는다.

② 개가 명령을 따르지 않으면 줄을 꽉 쥐고 명령을 반복한다. 만약 그래도 개가 앞으로 먼저 나가면 왼손으로 목줄을 잡아서 부드럽게 뒤로 당긴다.

③ 이렇게 천천히 걸은 몇 분 후에 개를 칭찬한다.

④ 만약 개가 뒤로 처지거나 이리 저리 왔다 갔다 하면 줄을 세게 당기면서 "천천히!"를 반복한다. 그러면 개는 당신이 원하는 대로 걷는 것이 더 편하다는 것을 금방 알게 된다.

⑤ 오른쪽으로 돌려면 왼손으로 개를 부드럽게 밀면서 "천천히!" 명령을 반복한다. 왼쪽으로 돌려면 과자를 사용해서 개를 격려하며 "천천히!"를 반복한다.

요령

개가 줄을 따라 뛰어 오를 때

안돼! 또는 그만! 이라고 단호하게 말한다. 개에게 앉으라고 말하고 다시 시작한다. 개가 흥분하거나 산만하지 않게 조용한 장소에서 훈련을 해야 한다. 개가 움직이지 않으려고 하고 바닥에서 움직이지 않으면 좋아하는 장난감으로 달래고 소리치거나 화를 내서는 안된다. 달래서 말을 듣게 하거나 칭찬으로 자신감을 올려 준다.

앞으로 끌 때

그럴 때마다 앉으라고 말하고 개가 너무 활기가 있으면 헤드할터를 사용하는 것도 좋다.

가져오기

① 가져오기는 고급기술이지만 대부분의 개들은 훈련에 잘 반응한다. 막대기나 공 보다는 인형 같은 것을 사용하는 것이 좋다. 왜냐하면 개가 분간하기 쉬워서 더 쉽게 찾을 것이기 때문이다. 우선 그 대상물을 보여주고 냄새 맡게 하고 입으로 물어도 괜찮다. 그렇지만 갖고 놀게 하면 안 된다.

② 목적물을 마당이나 들판에 던져서 "가져와!" 라는 명령을 한다. 그러면 당신의 개는 다른 말이나 격려가 필요 없이 들판을 가로질러 찾아서 가져올 것이다.

③ 개가 목적물을 물고 있으면 "이리 와!"를 명령하고 다가오면 "줘!" 라고 말을 한다. 개가 그것을 주면 칭찬과 다독거림으로 보상을 하고 마지막 보상으로는 목적물을 개에게 줄 수 있다.

나쁜 버릇 교정

어릴 때부터 잘 훈련된 개들은 커 가면서도 별다른 문제를 일으키지 않는다. 하지만 잘못 훈련된 개들은 사람을 화나게 하고 위험하기도 한 나쁜 버릇을 보여 준다. 만약 당신이 보호소에서 개를 데려 왔다면 몇 가지 반사회적 습관을 교정하기는 아주 어려운 일이다. 몇 가지 문제점은 잘못 가르쳐서 생긴 문제이지만 나머지는 단순히 자연적인 개의 본성을 조절하지 못하는 것이다. 후자의 원인은 지루함, 불안감, 좌절 같은 것이다.

나쁜 행동은 교정해 주어야 한다.

짖는 문제

개가 흥분하거나 좌절하거나 지루할 때 혹은 경계할 때 경고의 의사를 전달할 때 짖는 것은 자연스러운 것이지만 손님들이 왔을 때 그러면 문제가 된다. 짖는 개는 침입자를 막는 데 아주 유용하고 잠깐 동안 마구 짖는 것은 흥분의 자연적인 발산이 된다. 그러나 개들은 가끔 관심을 얻기 위해서 짖거나 두려움 때문에 짖거나 혼자 남겨져야 하는 때 불안해서 짖는 법이다.

계속해서 짖게 되면 주인뿐만이 아니라 주위 사람들도 화나게 하고 가끔은 개가 기분이 나쁘고 뭔가 문제가 있다는 신호이다. 다음의 훈련은 그런 문제를 조절하는 데 도움을 줄 것이다.

짖는 것을 억제하기 위한 훈련: "조용!"

반복은 성공으로 가는 열쇠이기 때문에 이 훈련은 인내를 요한다.

① 장난감을 보여주지만 같이 놀지는 않는다. 짖을 때 준다.

② 장난감을 주머니에 넣고 개가 짖을 때 말로 개를 칭찬한다. 때때로 더 자극적인 과자를 꺼낸다.

③ 개를 가까이서 지켜보다가 "말해!" 라는 명령을 하고 개가 짖으면 칭찬을 한다.

④ 개가 "말해!" 라는 명령을 이해했을 때 "조용히!" 라고 말하고 개가 조용해지면 장난감으로 개를 보상한다. 만약 개가 다시 짖기 시작하면 장난감을 다른 곳에 던져 버린다.

⑤ 이 훈련을 반복한다. 다음에는 개하고 좀더 떨어져서 실시한다.

짖는 개

개에게 소리치지 마라 왜냐 하면 개는 당신도 단순히 같이 흥분했다고 생각할 것이다. 되도록이면 오랫동안 개가 짖도록 내버려두었다가 대신에 개가 짖게 만든 일들에 익숙해지게 하는 것이 가장 좋은 방법이다. 개가 정상적으로 짖는 경우에 개의 행동에 대해서 제한을 하기 위해서는 복종훈련을 시작하는 것이 좋다. 그러므로 만약 개가 우체부를 두려워해서 우체부가 오기만 하면 매일 격렬하게 짖는 다면 개를 훈련을 시켜서 우체부가 오는 시간에 조용하게 앉아 있게 하는 것이다.

당신은 방문자가 왔을 때는 짖게 명령을 조합할 수도 있다. 훈련 기술은 이 장의 앞부분에서 나온 것을 참조하라 그리고 유념할 것은 이렇게 행동의 형태를 바꾸는 훈련은 한 번에 되는 일이 아니고 인내심을 갖고 꾸준히 해야 한다. 시간과 인내를 갖고 꾸준히 훈련하면 개를 명령에 따라서 짖게 하거나 특별한 조건에서만 짖게 할 수도 있다.

경계하는 행위의 결과로 짖는 개들은 그들의 영역에 대한 위협이 사라지면 짖기를 멈춘다.(흥분한 개들이 계속 짖는 것하고는 다르다.) 어떤 집을 지키는 개들은 방문자가 오는 것을 누가 통제하는지를 몰라서 짖는다. 이런 경우에

겁먹은 모습의 개

당신이 책임진다는 것을 가르치는 것이 중요하다.

이처럼 개들의 주인들은 개들에게 엄격한 복종훈련을 통해서 집단의 리더로서 통제한다는 것을 인식시켜야 한다. 명령에 복종함으로써 당신의 관심을 끌려는 개들을 가르치고 관심을 요구하려고 하면 무시해버려라.

썰매를 끄는 개들

관심을 구하는 개들은 관심을 끌기 위해서 짖고 누군가 오기만 하면 짖기를 그친다.(이런 행동은 주로 강아지에게 나타난다.) 당신이 전화를 받거나 누군가와 대화 하고 있는데 개가 짖는다면 화가 나는 일이다. 이런 문제는 관심을 끄는 개의 방법들 그러니까 짖거나 손을 건드리거나 발밑에 장난감을 떨어뜨리는 이런 행동들은 무시함으로써 치료할 수 있다. 개에게 앉으라고 명령하고 다독이기 전에 짖기를 멈추라고 명령한다. 그리고 당신의 관심을 모두 주어라. 이것은 시간이 필요하다. 개와 같이 놀고 하루에 최소한 한 시간 동안은 훈련을 해야 한다.

헤어지기 싫어서 짖는 개들은 대개 주인에 관한 정이 아주 깊고 혼자 있는 것이 괴롭다는 것을 안다. 민약 이 경우라면 당신이 떠나기 전까지는 아주 좋았던 것을 잊지 말고 혼자서 시간을 보내는 것이 익숙해지도록 훈련을 해야 한다. "조용히!"라는 명령에 복종하기를 가르치고 몇 분 동안 혼자 두어본다. 개가 다시 짖기 시작하면 큰 소리를 내서 개를 놀라게 하고 다시 방으로 돌아와서 방을 나가기 전까지 조용한 때 개를 칭찬한다. 이렇게 몇 번은 해야 하지만 개가 일단 조용함에 익숙해지면 혼자 두는 시간을 늘려야 한다. 이 경우에도 역시 개에게 당신의 냄새가 배어있는 장난감을 주면 도움이 된다.

공격

공격은 개 행동학자들이 다루어야 하는 아주 흔한 문제이다. 개가 공격적인 이유는 다양하다. 일부는 다른 동물을 향해서만 공격을 하지만 일부는 사람을 향해서도 공격적이다.

만약 개가 스스로를 집단에서 지배적인 동물이라고 생각하면 가족 구성원을 특히 어린이들처럼 약한 구성원을 위협함으로써 자기의 힘을 보여주려고 할 것이다. 웨스트하이랜드 테리어 같은 조그만 개들도 서열을 받아들이게 훈련받지 못하면 주인을 무는 경우도 있다. 자기 스스로를 제일 높은 동물이라고 생각하는 개들은 주인의 가족이나 가축들도 공격할 수 있다. 지배적인 개는 낯선 사람을 노려보고 제일 먼저 나가서 즉각적인 대응을 할 것이다. 지배적인 개의 행동을 겁먹은 개의 행동과 혼동하면 안된다. 둘 다 이빨을 드러내고 으르렁거리고 물기도 잘하지만 겁먹은 개는 주인이 있을 때나 이런 행동을 하고 사나운 개는 새로운 사람이나 상황에 마주쳤을 때 이런 행동을 한다.

지배적인 개의 공격성향은 집단의 종속적인 구성원으로서의 위치를 받아들이도록 훈련해야 고쳐질 수 있다. 당신의 개가 다른 사람에게 가하는 위험을 최소화하는 것이 아주 중요하다. 그러므로 산책을 나가기 전에 입마개나 헤드할터를 하고 나가야 한다. 이것은 개를 복종시키는데도 도움이 된다. 개를 최소 하루에 한번씩 몸단장을 해주는 것이 좋다. 왜냐하면 이것이 인간의 지배력을 강화하기 때문이다. 집에

공격적이거나 위험한 개를 위한 입마개

서 개와의 경계를 두는 것도 개를 통제하기 쉽게 한다. 개가 의자 같은 가구위로 올라가는 것을 허용하지 말고 관심을 끌기 위한 개의 모든 요구를 무시하라. 요구를 하지 않을 때까지 대응하지 말고 그렇게 되면 앉으라고 명령하고 다독거려준다. 당신이 먼저 식사를 하고 그다음 개를 먹이는 것을 잊으면 안 된다. 왜냐하면 야생의 늑대들은 집단의 지도자가 항상 먼저 먹기 때문이다. 개의 사료를 준비하되 식사는 당신이 먼저 먹고 난후 개를 먹여야 한다. 개를 운동시킬 때도 처음에는 되가져오기를 먼저 하는 것이 좋다. 그래야 지배자가 누구인지를 더 강하게 인식시킨다.

개들은 자기의 영역을 지키기 위해서 다른 개들을 향해서 공격적으로 행동하기도 하고 사회화가 잘못되어서 다른 동물과의 친교에 익숙하지 않기 때문에도 그렇게 행동한다. 이런 형태의 행동은 수컷이 암컷보다 훨씬 심하고 그래서 중성화 시술을 하면 2살 정도의 어린 수컷들의 이런 문제는 많이 줄어든다.

실제의 싸움에 앞서서 공격석인 몸짓을 먼저 한다. 개들은 상대를 노려보면서 귀와 꼬리를 들

노려보고 앞으로 가려는 사세는 공격의 신호이다.

고 앞으로 향하는 자세를 취한다. 이때는 이를 드러내고 으르렁거린다.(개가 다른 개와 싸움이 벌어졌을 때 끼어들면 당신도 물릴 수 있다는 것을 명심해야한다.) 당신이 공격의 몸짓을 미리 알아봐야 하지만 예방은 가능하다. 만약 당신의 개가 다른 개와 위협적인 눈싸움을 벌이고 있는 것을 보면 주의를 다른 곳으로 돌려야 하는데 필요하면 물리적으로 고개를 다른 곳으로 돌려야 한

다. 먼저 장난감을 꺼내고 공격의 느낌이 고조되면 앉으라고 명령해서 앉으면 장난감으로 보상을 해서 관심을 돌려야 한다. 개가 줄을 끌 때 공격하려는 느낌이면 줄을 강하게 잡아당겨서 상황을 악화시키면 안 된다. 필요하다면 개에게 입마개를 하는 것이 문제를 예방하는 길이다. 이런 개의 싸우려는 경향을 약화시키려면 기억훈련을 강화해서 처음에는 집에서 다음에는 다른 개들이 보는 넓은 공간에서 실시한다. 개가 다른 개들을 무시하거나 적어도 적대적인 행동을 하지 않으면 칭찬을 하고 보상한다.

두 마리의 개가 말과 기수에게 위협하고 있다.

불안

불안감은 개의 행동에서 나타나는 두번째 문제점이다. 이때 개는 혼자 있게 되면 낑낑거리고 극도로 흥분해서 당신이 돌아오면 당신에게 매달리게 된다.

그러면서 엄청난 애정을 보이면서 당신을 방마다 졸졸 따라다니고 눈길을 마주치기를 원하면서 가능한 많은 육체적 접촉을 원하게 된다. 혼자 있게 되면 울부짖고 뛰쳐나가려 한다. 그런 개들은 주인에 대한 과도한 집착을 줄이는 훈련을 해야 하고 혼자 있을 때의 평온함을 느끼게 하는 훈련을 해야 한다.

당신에게 집착하는 개를 진정시키기 위해서 당신은 방문을 닫고 들어가고 다른 가족이나 친구들이 개와 놀아주도록 하면 점차 당신에 대한 의존이 줄어들게 된다.

158

개가 혼자 있는 시간을 점차 늘려야 한다. 개에게 라디오를 틀어주는 것도 도움이 되고 당신의 옷가지 하나를 개의 잠자리에 놓는 것도 도움이 된다.

출발하기 전 20분 동안과 도착한 후 20분 동안에는 개를 무시하는 것이 좋다. 개가 평온해질 때까지는 아는 채 하지 말아라.

뛰어오르기

흥분한 개는 산책을 나갈 시간에 주인을 반기러 뛰어오른다든지 손님이 왔을 때도 뛰어오르곤 한다. 어떤 개들은 관심을 끌기 위해서 더 잘 뛴다. 크고 강한 종은 그런 방법으로 지배적인 위치를 강화하기 위해서 뛰고 반면에 스탠다드 푸들 같은 종은 관심을 끌기 위해서 뛴다. 강아지들은 어미의 얼굴을 핥

흥분한 개는 사람을 반기려고 뛰어오른다.

뛰는 개를 뛰지 않게 가르치기

아서 인사하고 6개월에서 18개월 사이의 어린 개들은 주인에게 이런 행동을 한다.

어떤 사람들은 개의 허벅지를 찰싹 쳐서 오히려 뛰게 하지만 많은 사람들은 특히 어린이들은 개가 이렇게 뛰면 무척 당황하게 된다. 보통 개를 뛰지 말고 인사하도록 가르치는 것이 좋다.

개가 당신에게 뛰어오르면 시선을 마주치지 말고 "안돼!" "내려!"를 단호하게 말하고 개를 앉게 한 후에 착하다고 칭찬하는 것이 좋다.

추적

고집스럽게 자동차를 쫓는 개들은 다른 사람들을 당황하게도 하고 스스로도 위험하게 만든다. 특히 운전하는 사람들은 이런 개들 때문에 위험한 경우가 가끔 있다. 모든 개들이 쫓는 본성이 있기 때문에 이 문제를 극복하기는 쉽지 않다. 개들은 원래 천적을 위협해서 쫓는 본성이 있기 때문에 이런 행동을 하게 되는데 자동차나 자전거를 탄 사람들을 주로 쫓고 또 이 사람들이 웬만하면 정지하지 않기 때문에 자신이 성공했다고 만족해한다. 한 가지 예방법은 친구에게 부탁해서 물총을 들고 자전거를 타고 지나가게 한 다음 개가 쫓으려고 하면 서서 물총을 쏘고 그러면서 단호하게 "안돼!" 라고 하는 것이다.

선택적 교배를 통해 나온 개들은 사냥감을 쫓는 개의 본능을 제거하는데 실패했다. 그리고 이 문제는 가장 표면에 나타나는 문제이다. 개들이 동물들이 있는 농장 근처에 있을 때에는 무조건 매어 두어야 한다. 개가 소나 양을 위협하면 농장 주인들은 개를 쏠 권리가 있기 때문이다. 만약에 당신의 개가 지금 무엇을 쫓으려고 한다면 장난감을 다른 방향으로 던져주거나 되가져오기 놀이를 하면 관심을 되돌릴 수 있다.

파괴적인 행동

파괴적인 행동은 종종 지루함이나 좌절의 분출을 의미한다. 부드러운 가구들이나 집안의 물건들을 씹고 긁어서 파괴하는 것은 분명 바람직하지 않다. 하지만 처음에 개가 왜 이렇게 되었는지를 이해하는 것이 필요하다. 강아지들은 이빨이 날 때 이렇게 씹게 되는데 장난감을 주면 신발이나 다른 물건을 씹지 않게 할 수 있다. 성견들은 먼저 눈에 보이는 씹을 만한 물건을 다 치우고 나서 이런 행위를 못하도록 가르쳐야 한다. 부드러운 가구를 못 쓰게 만들거나

개가 당신이 좋아하는 의자를 차지하지 못하게 해야 한다.

가정의 물건들을 파괴하는 행동은 자극이 필요한 영리한 개들이 불만을 표현하는 것이다. 지루함은 이런 행동의 주요한 원인이고 유일한 해결책은 개를 정신적으로 육체적으로 자극하는 방법뿐이다. 또한 개가 못쓰게 할 만한 물건은 치워야 한다. 만약 개가 오랫동안 혼자 있다면 장난감을 몇 개 주고 산책을 좀 오래 하는 것도 좋고 그러기 전에 먼저 복종훈련을 하는 것이 좋다.

욕구불만인 개들도 집안에서 여러가지 문제를 일으키는데 주로 한 장소에 집중된다. 만약에 개가 나가서 고양이를 쫓고 싶다고 느낀다면 문이나 창분을 긁거나 씹을 것이다. 개 주인은 개를 안달하게 하는 것이 무엇이고 가능한 치료방법은 무엇인지 알아야 하고 필요하다면 안달하게 하는 것으로부터 떨어진 다른 방으로 옮기는 것도 좋다. 다시 말하지만 개를 혼자 두기 전에는 운동도 잘하고 문제가 없었다면 당신이 없는 동안 같이 놀 장난감을 주는 것도 좋은 방법이다.

올라타는 습성

개들이 탁자의 다리를 오르려고 하거나 손님의 다리를 올라타려고 하는 행동은 처음에는 재미있어 보이지만 행동 장애의 한 형태라는 것을 곧 알게 될 것이다. 대부분의 수컷들이 발정난 암컷을 거의 만나지 못하기 때문에 이렇게 주인의 다리를 올라타려고 하는 것처럼 보인다. 간단한 해결 방법은 중성화 시술을 하는 것인데 이렇게 하면 문제를 확실히 줄여 준다.(간혹 암컷도 이런 습성을 보이는데 불임시술을 해도 효과는 거의 없다) 다른 모든 문제들처럼 이 문제도 조기에 발견하는 것이 중요하고 강아지나 어린 개가 습관이 되기 전에 다리에 올라타지 못하게 해야 한다. 한번 습관이 되면 고치기가 어렵기 때문이다.

과거에는 찬물로 샤워를 시키거나 시원한 공기를 쏘이게 하면 좀 낫는다고 했지만 요즘은 중성화 시술이 좋은 방법으로 알려졌다. 분사기로 개에게 물을 뿌려서 장난을 하면 관심을 돌릴 수 있고 욕구를 진정시킬 수 있다. 이처럼 올라타려고 하는 개들은 자극이 필요하고 잘 운동시키는 것이 좋다. 과도한 성적 행동을 하는 개는 줄로 매어놓는 것이 좋다. 어떤것을 또 올라타려고 하면 "안돼!"라고 단호하게 말하고 몇 분 동안 다른 방에 혼자 둔다. 다시 나오면 몇 분 동안 무시하다가 앉으라고 명령하고 앉으면 보상을 한다.

당신이 집에 없을 때 혼자 있는 것을 가르쳐야 한다.

애견훈련소

훈련소에서는 새로운 주인들이 개를 훈련시키는 데 도움을 준다.

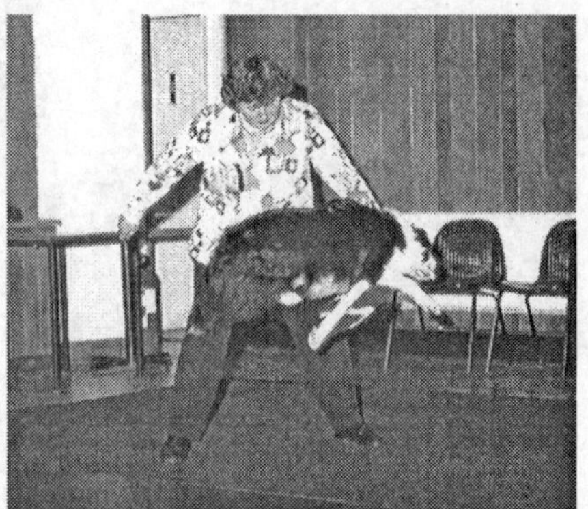

주인과 전문 교관으로부터 훈련 받는 개들.

애견훈련소는 나쁜 습관을 가진 개들만을 위한 것이 아니고 주인에게 시범을 보이기를 원하는 사람들의 개들에게도 유용한 곳이다. 그리고 특별히 처음 개를 기르는 사람들에게 유용한 곳이다. 전국에 있는 수의사, 도서관, 애견협회에서 가까운 훈련소를 추천해 준다.

훈련소는 모든 연령의 개들을 다 받는다. 강아지 사회화반은 16주 이하의 개들이 대상이고 강아지들에게 다른 개나 사람을 소개하는 아주 좋은 방법이다. 이곳에서는 훈련을 위한 좋은 기초를 제공한다. 훈련의 전문가들은 개 주인들에게 기본적인 훈련에 대해 교육한다. 개에게 민첩성훈련이나 추적, 되가져오기와 다른 특별한 개 스포츠를 위한 훈련을 시키기를 원하는 사람들은 고급반에서 훈련을 시킬 수 있다.

어떤 반에서 훈련을 받는 당신은 교관의 기술과 훈련소의 많은 개들 때문에 행복할 것이다. 당신의 개가 한두 가지 나쁜 습관이 있다면 주 단위로 운영되는 훈련소에 맡기면 좋을 것이다.

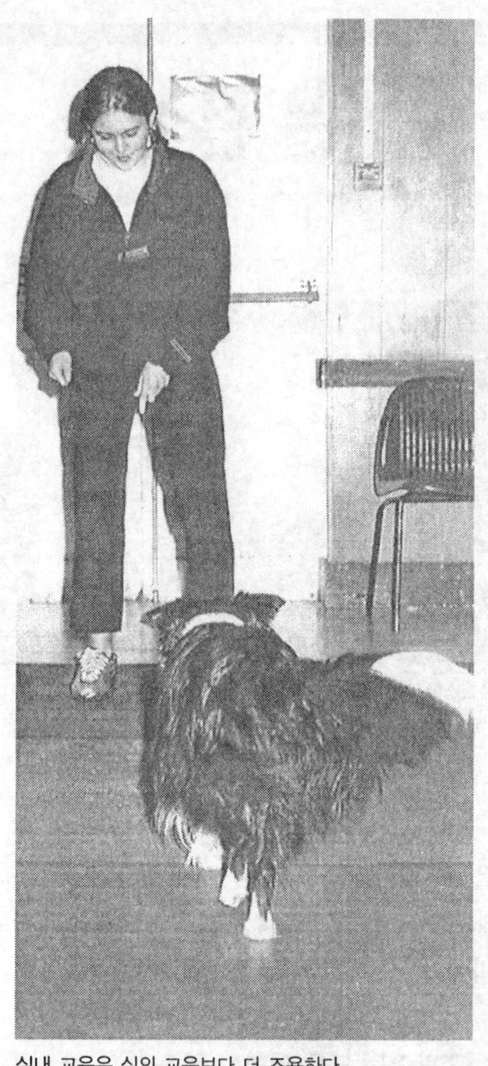

실내 교육은 실외 교육보다 더 조용하다.

6. 개의 일상생활

먹이주기

개들은 육식성이다. 이들의 소화기관은 고기로부터 단백질을 흡수하도록 되어있고 이빨은 고기를 뜯어먹기 좋게 되어있다. 그러나 개들도 인간처럼 순전히 육식만 하고는 살 수 없다. 인간처럼 개들도 탄수화물과 지방, 단백질, 미네랄, 비타민 등 고른 영양소의 조합이 필요하다. 개들은 육식동물의 후손이고 실제 간헐적인 폭식으로도 살아남을 수 있지만 그러면 분명히 영양결핍이 생긴다.

대부분의 성견들은 하루에 한 번이나 두 번 사료를 먹고 물은 자주 마신다. 일반적으로 개들은 아침이 주식이고 일부는 저녁에 약간 먹는다. 개들의 활동수준은 연령에 따라 다양하고 필요한 열량도 이에 따른다. 강아지들은 성견보다 더 높은 열량이 필요하고 활동이 많은 개들은 그렇지 않은 개들보다 더 많이 먹으며 늙게 되면 어릴 때보다는 덜 먹는다. 당신의 개에게 얼마나 먹여야 하는 지는 항상 전문가에게 문의하라.

개들은 정기적이고 건강한 식사가 필요하다.

개에게 필수적인 영양소는 인간에게 필수적인 영양소와 아주 흡사하다. 단백질은 성장에 필수적이고 세포막을 형성하는데 중요한 역할을 하며 몸속의 치료조직을 재생성하는 데도 중요하다. 단백질은 식물과 동물 모두로부터 섭취할 수 있지만 식물성 단백질에는 포유동물의 건강에 필요한 아미노산이 부족하다. 열량의 많은 부분을 공급하는 탄수화물은 비스킷이나 빵 또는 개를 위해 상업적으로 만든 비스킷이나 과자로부터 섭취한다. 마지막으로 지방은 집중된 에너지원으로 필수적이고 지방산과 불포화유지를 공급한다.

칼슘이나 인이나 소금 같은 미네랄과 비타민은 사료에 일반적으로 들어있다 하지만 수의사가 필요하다고 하면 보충을 해줘야 한다.

체중 관리

개를 너무 많이 먹이지 않는 것도 중요하다. 왜냐하면 비만은 건강에 좋지 않고 관절에 압력을 증가시키고 소화기관이나 내부 장기에 좋지 않은 영향을 주기 때문이다. 궁극적으로 뚱뚱한 개는 마른 개보다 수명이 짧고 비만의 원인은 많이 먹고 적게 운동하기 때문이다. 건강한 개는 위에서 봤을 때 허리가 있어야 하고 갈비뼈를 만지면 느낄 수 있지만 눈에 보여서는 안 된다. 개를 너무 많이 먹여서 뚱뚱하게도 하지 말고 과도하게 다이어트를 시키지도 마라. 개가 과체중으로 체중을 좀 빼려고 하면 수의사와 상담하는 것이 좋다.

개 몸무게 재기

167

정기적으로 체중을 재면 체중이 느는지 알 수 있고 건강에 적신호인 체중이 주는 것도 알 수 있다. 체중을 재는 가장 좋은 방법은 개를 안고 저울에 올라가서 무게를 재고 거기에서 당신의 체중을 빼는 방법이다. 만약 당신의 개가 들을 수 없이 큰 개라면 개를 꾀어서 저울에 올라가게 하라. 순종 애견사와 수의사는 당신의 개의 종과 크기에 대한 표준체중을 알려줄 수 있다.

어떤 음식을 먹일 것인가?

요즘의 개와 개주인 들은 전통적인 사료에서 강아지들이나 치료중인 개들처럼 특별한 요구에 맞게 과학적으로 조절된 사료까지 다양한 사료를 고를 수 있다. 당신의 개에 맞는 사료가 어떤 것인지를 결정하는 것은 쉬운 일이 아니다. 개의 종과 크기를 염두에 두어야 하고 개의 식사를 준비하는데 얼마나 시간을 투자할 수 있는지도 중요하다. 어떤 사람들은 직접 음식을 준비하는 것을 선호하지만 시간도 많이 들뿐더러 영양적으로도 불균형하다는 것이 연구를 통해서 밝혀졌다. 개사료를 생산하는 회사들은 막대한 시간과 돈을 편리하고 좋은 영양소가 골고루 들어있고 맛도 좋은 사료를 연구하는데 투자하고 있다. 생산되는 제품을 사서 쓰는 것이 직접 만들어 주는 것보다 시간적인 면에서나 영양의 균형이라는 면에서 훨씬 좋을 것이다. 회사들이 추천하는 크기에 대한 양의 비율을 따르는 것이 좋다.

개 사료의 종류는 젖은 것, 완전히 마른 것, 약간 젖은 것의 3가지가 있다.

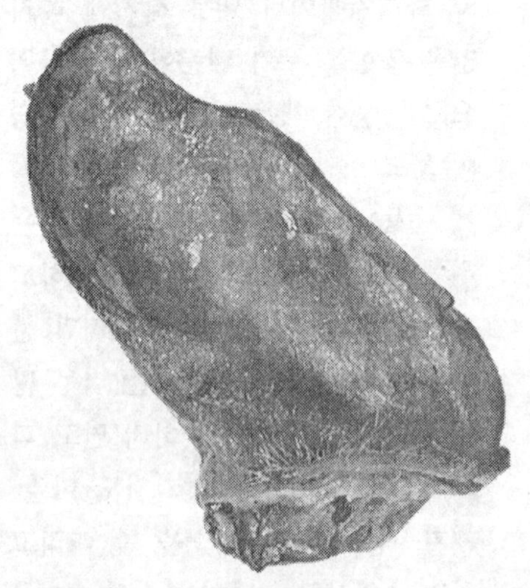

돼지의 귀는 개들에게는 별식이다.

젖은 사료

　상점에서 팔리는 대부분의 개 사료는 개에게 좋은 식사를 공급하기 위해서 신중하게 측정된 것들이다. 일부는 영양학적으로 완벽한 사료를 공급하고 일부는 탄수화물의 비율이 낮아서 보충이 필요한 사료를 공급한다. 이것들은 고기, 곡물의 겨, 닭고기, 생선, 복합비타민과 미네랄 등으로 구성된다. 어떤 것은 단백질의 함량이 높아서 일부의 개들이 너무 정력적이거나 흥분할 수 있다는 경고를 부착하고 있다. 이것은 크고 지배적인 개들에게 문제를 일으킬 수 있다.

완전히 마른 사료

　이런 제품은 아주 편리하다. 이것들은 곡물과 단백질을 섞어서 만들었고 맛을 좋게 하려고 겉을 지방으로 덮은 알갱이 형태로 생긴 사료이다. 어떤 것은 줄 때 물하고 섞어서 주어야 한다. 이것들은 다른 사료보다 열량이 4배나 높아서 조금만 먹여도 살이 찌기 쉽다.

마른 사료는 개에게 정확한 열량을 먹일 수 있게 한다.

약간 젖은 사료

이것은 완전한 사료로 만들어진 것은 아니라서 과자나 다른 것으로 탄수화물을 보충해 주어야 한다.

특별한 사료와 과자

사료생산회사는 강아지를 위한 고열량 사료나 늙은 개들이나 아픈 개들을 위한 비타민이나 미네랄이 풍부한 사료 같은 특별한 사료를 생산한다. 어떤 회사는 당뇨나 심장병이나 신장병 같은 특별히 건강에 문제가 있는 개들을 위한 맞춤사료를 공급하고 있다. 이런 것들은 수의사의 지시에 따라 주어야 한다.

개 과자는 보상으로 유용하다.

고기로 만든 과자와 뼈처럼 생긴 비스킷에서 개 초코렛까지 아주 다양한 과자들이 있다. 개에게 사람이 먹는 사탕이나 초코렛은 주지 않는 것이 좋다 왜냐하면 너무 많이 먹으면 개에게 해로울 수 있기 때문이다. 만약 개에게 과자를 줄 것이라면 개 과자를 주어야 하고 열량이 높기 때문에 하루 필요 열량을 잘 생각해서 주어야 한다.

개 비스킷은 밤 시간에 주면 좋다.

170

성견을 위한 표준 사료량

이 표는 개괄적인 안내이다. 개별적인 개들의 필요량은 활동수준과 기분에 따라서 다양하다. 여기서 제시한 것은 하루의 필요량이지 한 끼의 필요량이 아니라는 것을 명심해야 한다.

개의 크기	적정 하루 필요열량	통조림 / 젖른 사료	약간 젖은 사료	마른 사료
4.5kg 이하의 애완견/ 요크셔테리어,치와와,포메라이언	210 Cal	고기 105g + 사료 35g	70g	60g
4.5-9kg 사이의 작은 종/ 웨스트하일랜드테리어, 비글	590 Cal	고기 300g + 사료 100g	200	170g
9-22kg 사이의 중간 크기 종/ 스프링어 스패니얼 바셋 하운드	900 Cal	고기 450g +사료 150g	300	260g
22-34kg 사이의 큰 종/저먼 쉐퍼드, 라브라도, 아이리쉬 세터	1680 Cal	고기 800g + 사료 280g	550g	480g
34-63kg의 대형종/그레이트데인,뉴펀들랜드, 아이리쉬 울프하운드	2800 Cal	고기 1400g + 사료 460g	900g	800g

사료 바꾸기

개의 사료를 바꾸기로 정했어도 아주 천천히 해야 한다. 예를 들어 젖은 사료에서 마른 사료로 바꾸려면 처음에는 반 반 씩 섞어서 주고 점차 젖은 사료의 양을 줄여나가야 한다.(일주일이나 2주)

이빨 위생

개를 잘 먹이는 것 다음으로는 개를 하루에 한번 씩 이빨을 닦아 주어야 한다. 심각한 이빨과 잇몸 질환은 늙은 개에게서 심장질환을 유발할 수 있고 무엇보다도 이빨과 잇몸을 깨끗이 하면 불쾌한 입냄새를 막을 수 있다.

딱딱한 물건을 씹는 것은 이빨을 청소하는데 도움이 된다.

뼈보다 씹을 수 있는 생가죽 장난감을 주는 것이 좋다.

수의사가 개치약을 추천할 것이다.(개들은 박하향이 나는 사람용 치약을 싫어한다.) 아니면 묽은 소금물을 사용해도 좋다. 큰 개에게는 성인용 칫솔을 사용하고 중간 크기나 작은 개에게는 중간 크기의 칫솔을 사용하는 것이 좋다. 물론 개칫솔도 좋다.

종종 큰 뼈를 씹는 것이 개의 이빨을 깨끗하게 하고 잇몸을 마사지하는 효과가 있는데 뼈는 소뼈처럼 큰 뼈여야 한다. 닭이나 생선, 양뼈처럼 부서지기 쉬운 것을 주면 부서져서 조각이 목구멍에 걸리게 된다. 큰 뼈를 씹을 수 없는 작은 개들은 당근을 주거나 애견점에서 씹는 장난감이나 생가죽막대를 사주면 더 좋다.

개 이빨을 닦는 방법

① 바닥이나 무릎에 얌전히 앉히고

② 왼손을 주둥이를 가로질러서 잡
고 손가락으로 입을 못 벌리게 해
서 오른 손으로 칫솔을 입술 사이
로 부드럽게 집어넣는다.

③ 뒤에서부터 앞으로 이빨 겉을 닦
기 시작한다.(혀가 이빨의 안쪽을
깨끗하게 유지하는 데 상당한 역
할을 한다.) 칫솔은 원을 그리면
서 부드럽게 움직이고 이빨을 긁
지는 말아라. 그리고 잇몸 선도
닦는 것을 잊으면 안된다.

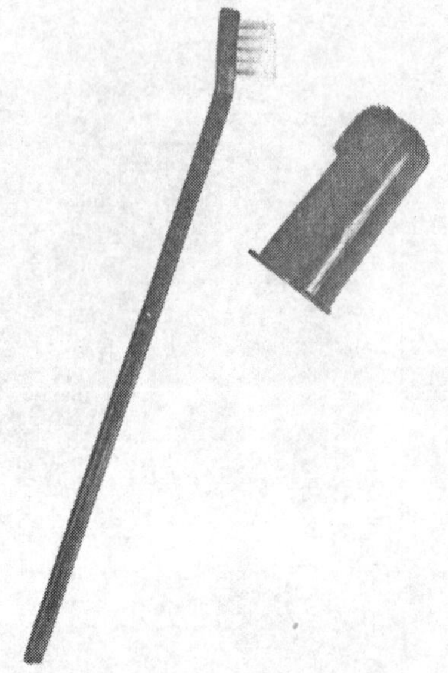

개 칫솔은 머리부분이 꺾여 있다.

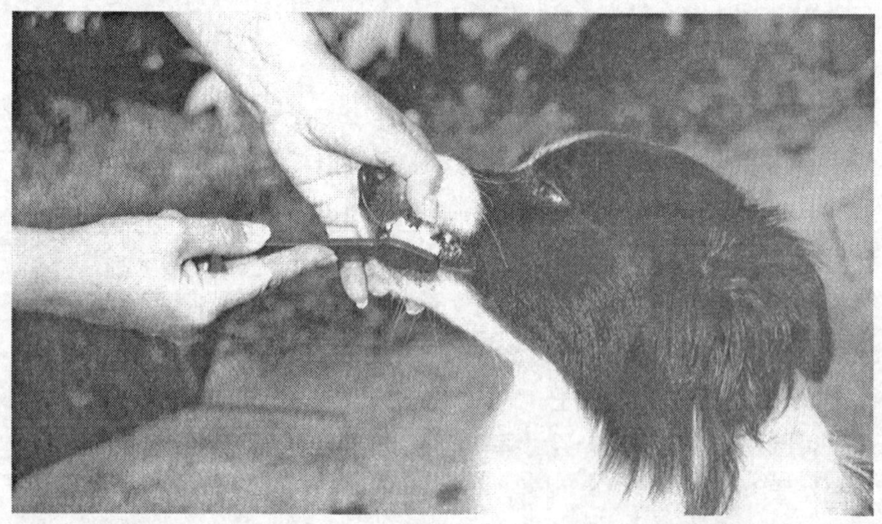

이빨을 닦는 동안 개의 턱을 잡아라

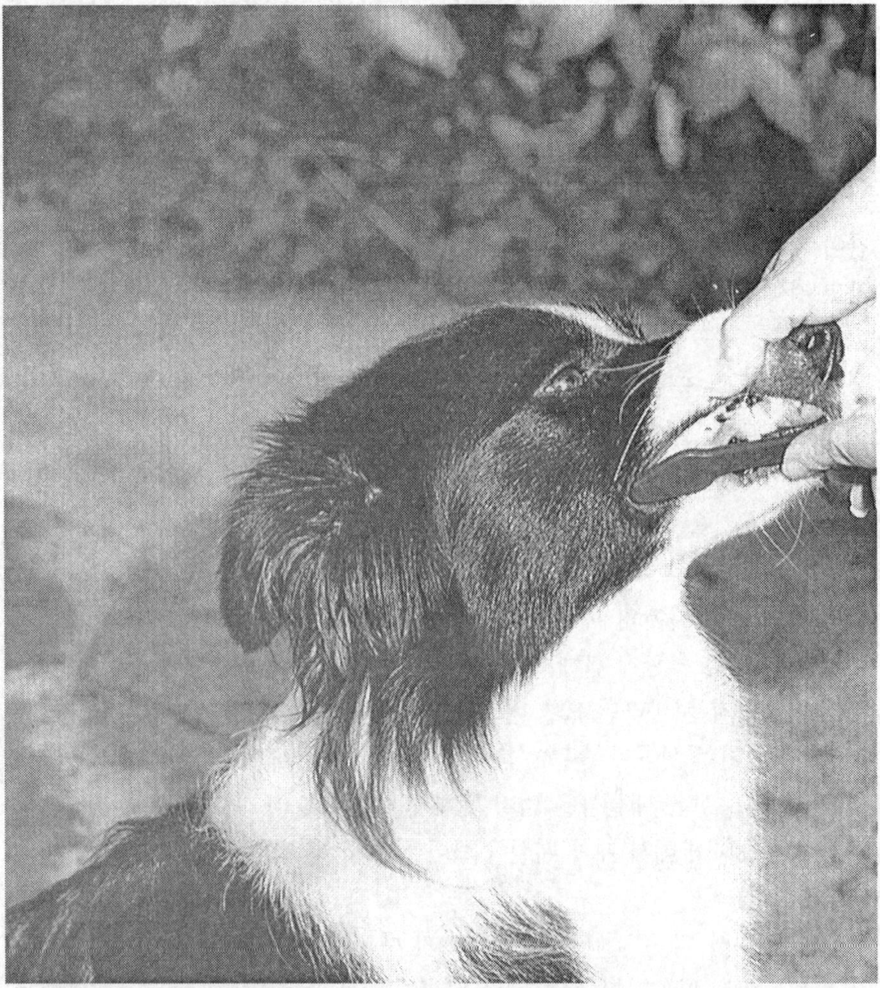

개의 이빨과 잇몸을 깨끗하고 건강하게 하는 것은 아주 중요한 일이다. 정기적으로 검사해보고 문제가 있으면 수의사에게 문의 하라.

특별한 문제점들

특별히 작은 종들이 사료에 까다롭지만 매일 같은 사료를 준다고 해서 개가 싫증을 낸다는 증거는 없다. 여러 마리가 있는 경우에 사료를 놓고 싸우는 일은 있는데 이는 집단 안에서 서열을 확인하는 개의 본능이다. 자연상태에서는 집단의 리더가 제일 먼저 먹이를 선택해서 먹는다. 그래서 지배적인 개는 다른 사료를 원하면서 현재의 사료를 거부하는 때도 있다.

이런 행동에 굴복해서는 안 된다. 일단 수의사가 개에게 아무 이상이 없다는 진단을 하면 새로운 식사규칙을 부과해야 한다. 사료를 그릇에 주고 한 시간이 지나서도 먹지 않았으면 사료를 치운다. 개는 며칠 굶어도 먹어도 죽지 않고 정말 배가 고프면 포기하고 사료를 먹는다.

어떤 개들은 풀을 먹기를 좋아한다. 이것이 유전적으로 위험한 것은 아니지만 감염되어 질병을 일으킬 수도 있다. 개를 가끔 토하게 만드는 위장장애 같은 것이 풀을 먹으면 좀 나아지는 것 같다. 이것은 개의 사료에 섬유질이 더 필요하다는 것을 의미한다.

어떤 개들은 자기의 배설물을 먹기를 좋아하는 것-식분증으로 알려진 증상- 같다. 이런 습관에 관해서 여러 가지 설명이 있는데 대장에서 박테리아에 의해 만들어지는 비타민 B나 비타민 K가 부족해서 이런 행동을 하는 것 같다. 하지만 이런 행동이 습관이 되어서 비위생적인 개집에서 생활해온 개들에게 번지기도 한다. 배설물을 먹지 못하게 얼른 없애버리고 심한 경우에는 수의사가 약을 처방해서 개가 배설물을 아주 써서 못 먹게 만들 수도 있다.

썩은 고기를 먹는 것이 개의 본성이기 때문에 개가 닿는 곳에 남은 음식이 있다면 유혹을 뿌리치기 힘들다. 음식찌꺼기 주위에서 개가 킁킁대지 못하게 하고 집을 비울 때는 음식재료가 개에게 닿지 않게 치워놓아야 한다. 계속해서 썩은 음식을 고집하면 소화에 문제가 생긴 것으로 사료를 줄 때 소화제를 섞어서주면 된다.

건강한 식사는 행복하고 건강한 개를 만든다.

미용

애견에게 있어 정기적인 미용은 매우 중요하다. 특히 털이 긴 종에게는 더욱 중요한데 왜냐하면, 미용으로 손실된 털들이 제거되기 때문이다. 하지만 미용은 비단 미용에만 국한된 것은 아니라, 강아지들이 산책할 때 접촉하게 되는 수많은 장애물로부터 피부를 보호하고 각종 피부 질병과 벼룩의 침투를 막는 효과도 있다.

미용은 개와 주인 사이의 일체감을 형성시키고 개에게는 심리적 안정을 제공한다. 강아지 때부터 정기적으로 미용을 받아온 애견은 보다 침착하고 차분하며 미용을 즐기게 된다. 미용을 해주는 주인 역시 이와 같은 결과를 맛볼 수 있으며 그 이유는 산만한 애견 보다는 유순한 애견이 미용하는 데에 훨씬 쉽기 때문이다. 더군다나 미용을 하는 동안 개에게 부동자세를 유지할 것을 명령하여 당신이 주인임을 강조할 수 있으며, 이것은 애견훈련 시 많은 도움이 된다.

우선 어린 개를 빗과 솔로 가볍게 빗겨주는 것으로 시작해보자. 세심한 관리는 성숙했을 때 해주어도 무방하다. 털이 긴 종들은 형클어짐을 방지하기 위해 미용을 매일해주는 것이 좋다. 형클어진 털을 빗기는 것은 애견에게는 큰 고난이며 주인 역시 헝클어진 털을 빗기는 것이 어려운 일이기 때문에 매일 조금씩 시간을 투자하는 것이 좋다.

웰쉬 코르기스처럼 털이 짧은 개들은 피부 가까이 촘촘한 층의 털이 있어서 체온을 잘 발산하고 물에 잘 젖지 않는다. 이들은 겉 털이 두껍고 뻣뻣해서 다른 유형의 종들 보다는 신경을 덜 써도 되지만 털이 잘 빠져서 온 집안을 털로 덮기 쉽다. 이런 현상을 막으려면 매일 관리를 해야 한다. 뻣뻣한 부러쉬로 전신을 빗어주고 다시 뻣뻣한 털장갑으로 마무리를 해 주어야 한다. 이렇게 하는데 10분 정도면 충분하다. 부드러운 털을 가진 종들은 세심한 관리는 요구되지 않으나 소홀할 경우에는 방한효과가 감소하므로 정기적인 관리가 필요하다. 그레이트 데인이나 도베르만 같은 종들은 접합관절(앞다리 뒷꿈치나 무릎관절)에 난 거친 털이 피부를 찌르는 경우가 종종 있으므로 컨디셔너로 이쪽부위의 털을 부드럽게 해주어야 한다.

거친 털을 가진 종들은 사촌격인 털이 짧은 종들과는 달리 털빠짐이 심하진 않지만, 반년에 한번씩 털갈이를 한다. 이러한 현상은 관리소홀로 인해 털이 뭉치로 빠지는 경우인데 그래서 테리어 같은 종들은 헝클어짐 방지를 위해 정기적으로 미용을 받는다. 촘촘한 빗을 사용하여 털의 구석구석을 빗어주도록 하며, 전문 애견미용사로부터 외피가 제대로 다듬어졌는지 확인하자.

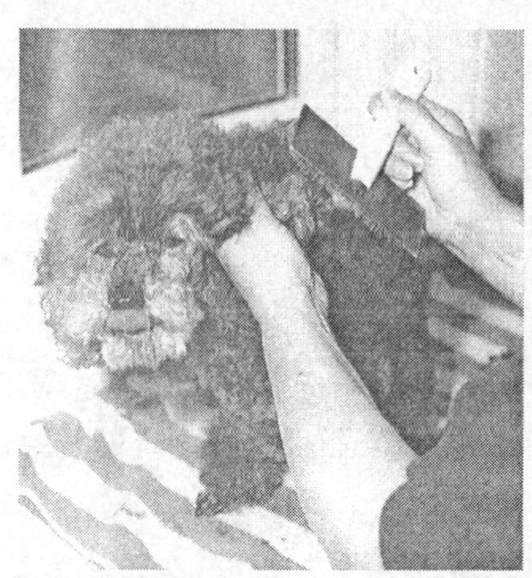
푸들은 뭉친 털을 풀어주는 슬리카 브러쉬로 매일 빗어주는 것이 좋다.

찰스 킹 스파니엘이나 아이리쉬 세터같이 부드러운 털을 가진 종들은 거친 털은 가진 종들처럼 세심한 관리가 필요하다. 너무 뻣뻣한 부러쉬를 사용하면 외피가 두꺼워져서 일년에 한두 번 다듬어주어야 할 경우가 생기기 쉽다.

털이 긴 개들은 털관리 하는데 시간이 가장 많이 소요되며 이들을 관리하는데는 애정 어린 노력이 필요하다. 부드럽고 우수한 털을 가진 아프간하운드나 요크셔테리어는 뒷다리 털 손질을 위해 촘촘한 빗이나 핀형 빗, 그리고 골이 넓은 빗등으로 빗어주어야 한다.

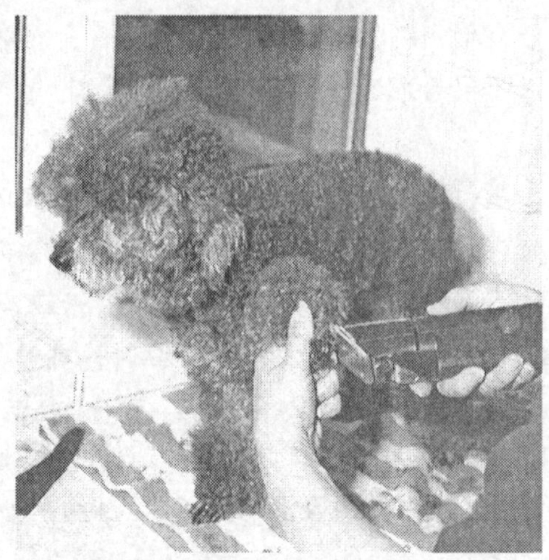

발 부분의 털을 손질하기 어려우면 수의사나 애견 미용사에게 맡기는 것이 좋다.

너무 세게 빗으면 털이 엉켜 개를 다치게 할 수 있으므로 주의하자.

우선 개를 탁자위에 올려놓는다. (미용이 바닥위에서 할 수 있는 것이라 해도 개들은 바닥을 놀이터로 알기 때문에 부동자세를 유지하기 어렵다. 이를 위해서는 강아지 때부터 익숙해져야 한다.)

한 손으로 애견의 어깨부분을 살며시 쥐어 가만히 있게 만든 후에 양피장갑이나 고무빗으로 (목덜미에서부터 허리옆, 뒷다리, 그리고 배 아래쪽 순으로 빗어준다) 몸 전체를 빗겨줌으로써 빠진 털을 제거해준다. 개들은 발바닥과 꼬리, 그리고 항문주변에 손길이 닿는 것에 매우 민감하게 반응하므로 이 점에 주의하자. 미용을 하는 동안 애견에게 지속적으로 말을 걸고 미용이 끝나면 얌전하게 있었다고 칭찬을 해준다.

전문미용

푸들, 아프간하운드, 잉글리쉬 쉽독 같은 종들은 전문애견미용사에게 관리를 받을 수 있다.

푸들의 경우, 매달 유명한 푸들 전용관리소에서 관리를 받을 수 있는데 시간을 투자할만한 가치가 있는 일이다. 왜냐하면 이렇게 함으로써 당신의 애견을 같은 종의 개들 중에 가장 특이하게 보이게 하며, 전문 미용사로부터 전문적인 관리비법을 전수받아 개를 항상 최적의 상태로 유지해 줄 수 있기 때문이다. 만약 애견을 자랑하고 싶다면 전문 미용은 필수이다. 슈나우저, 보더 테리어 에어데일 같이 억센 털을 가진 종자들은 전문 애견 미용사의 관리가 요구된다. 이 종자들의 외피는 네 달에 세 번씩 이발면도칼이나 손으로 손질해 주어야 한다. 이것은 전혀 아프지 않고 자연스러운 털을 유지하는 데 도움을 준다.

이 일은 다소 긴 작업이며 여러번 나누어 한다거나 2~3일 정도 소요될 수도 있다. 또 다른 방법으로는 털을 가위를 이용하여 주기적으로 잘라주고 얼굴주변은 전문미용사에게 맡기는 것이다. 많은 개들이 미용 중에 자신들에게

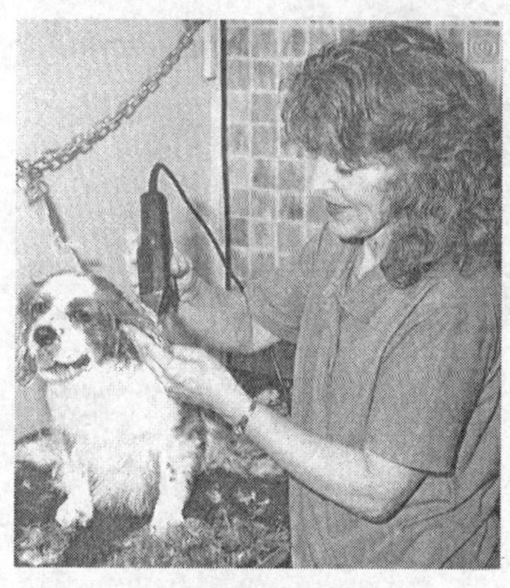

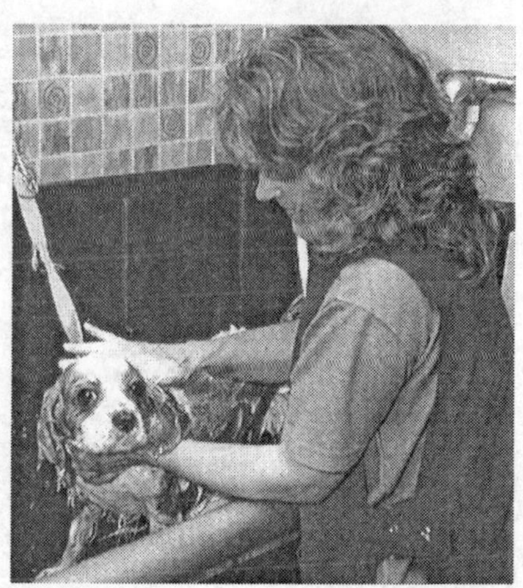

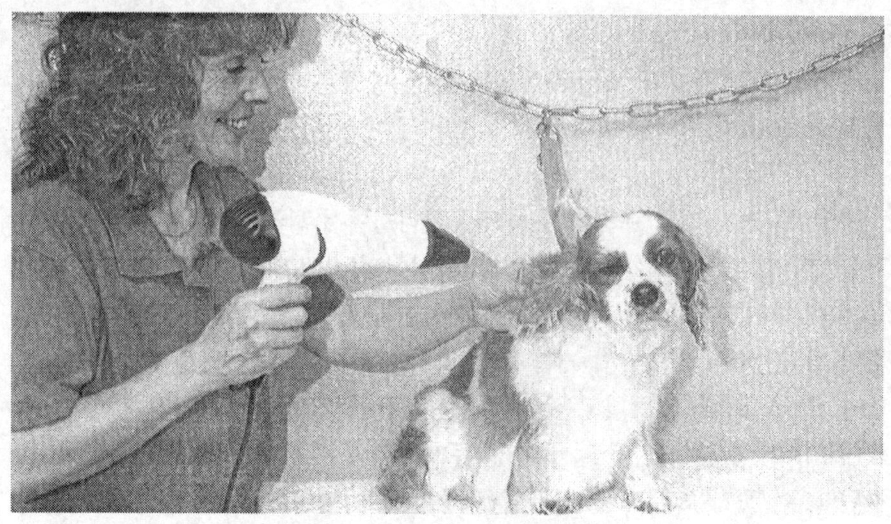

보드라운 귀를 가진 스파니엘을 목욕 후에 드라이기로 건조시키고 있다.

관심이 집중되어 있는 걸 좋아한다. 전문애견미용사는 모든 개들을 깔끔하게 꾸밀 수 있는 실력이 있지만 특히 털이 긴 개들은 이들의 손길을 통해 빛을 발할 수 있다.

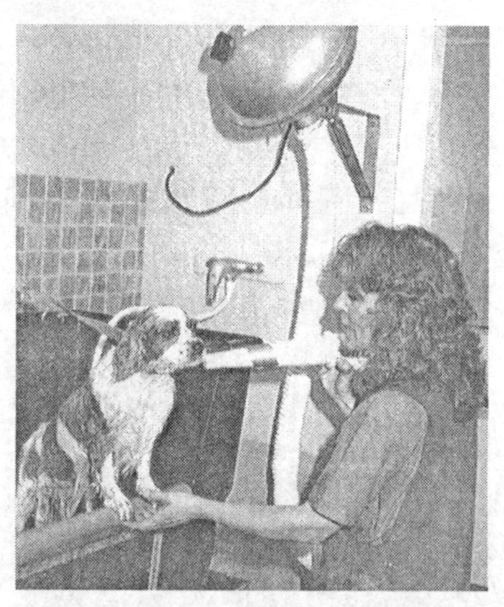

애견미용실에선 각종 장비들을 구비하여 목욕을 집에서 보다 수월하게 할 수 있게 한다. 개들은 이곳에서 벽에 연결된 사슬과 가죽 끈을 느슨하게 연결한 채로 목욕을 한다.

전문애견미용사들은 양질의 서비스와 꼼꼼한 관리를 제공한다. 이들의 실력은, 아무리 다루기 어렵고 까다로운 종이라도 목욕을 짧은 시간에 별다른 소동 없이 끝마칠 수 있다는 데에서 나타난다.

정기건강검진

미용은 개의 전반적인 건강상태를 확인하는 데에도 도움을 준다. 며칠에 한번 꼴로 눈주위에 붙어있는 눈꼽을 젖은 헝겁으로 두드리듯이 닦아주도록 한다. 만약 개의 얼굴에 주름이나 골이 많다면 이런 곳도 세심하게 닦아주며 악취나 붓기가 없는지 살펴보도록 한다.

귓불 등을 들춰내어 붓기나 홍조가 없는지 살펴보도록 하라. (만약 개가 귀 주변을 긁는다면 수의사에게 데려가서 처방을 받도록 하라). 스파니엘처럼 긴 귀를 가진 개들은 세심한 주의가 필요하다.

그다음은, 개의 치아상태 및 잇몸의 붓기가 있는지 확인한다. 만약 입을 열지 않으려고 기를 쓴다면 턱뼈를 다소 힘껏 잡고 코를 막도록 한다. 부드러운 칫솔을 이용하여 치석을 제거하고 잇몸을 마사지 해주는 것을 매일 반복한다.

애견의 항문주위를 점검하여 응고된 노폐물을 제거한다.

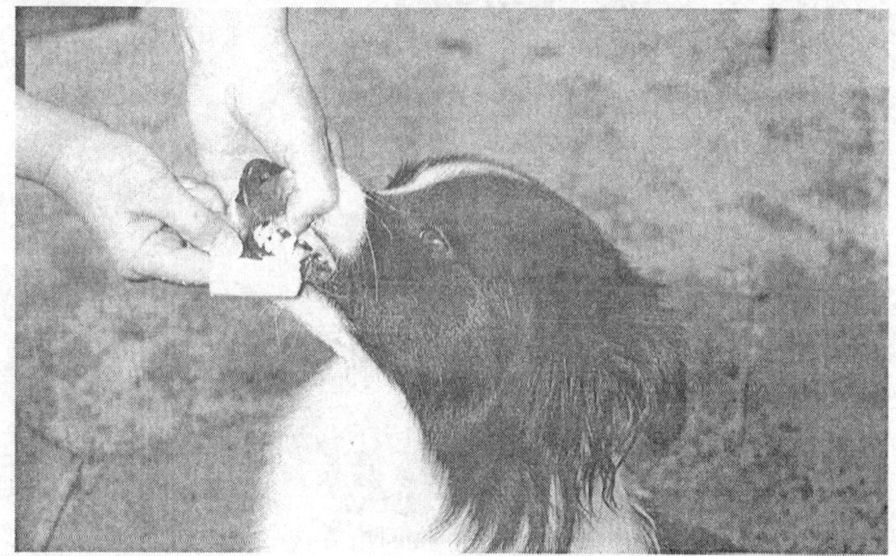

이빨을 닦기 위해서 손가락 부러쉬를 사용하라.

만약 애견이 엉덩이를 땅에 질질 끈다면 낭세척을 해야 한다는 신호이다 (수의사에게 문의할 것).

발도 점검하도록 한다. 특히 발가락 사이에 엉킨 털들, 때, 작은 돌이나 잡초씨앗 등이 엉겨 붙어 있을 수도 있으므로 이를 제거해주도록 한다. 잡초씨앗은 들러붙는 경향이 있으므로 수의사에게 맡기는 편이 좋겠지만, 족집게로 제거해주어도 무방하다. 발바닥에 묻은 흙은 젖은 헝겊으로 닦아주도록 한다. 불규칙적으로 뻗은 털들은 빨리 정돈하여 벼룩 같은 기생충들이 기생하는 것을 예방해야 한다.

딱딱한 바닥을 걷는 것은 발톱을 짧게 유지하는 데에는 도움이 된다. 하지만 필요하다면, 애견전용 발톱깎이로 깎아주도록 한다. 발톱의 핑크빛 부위의

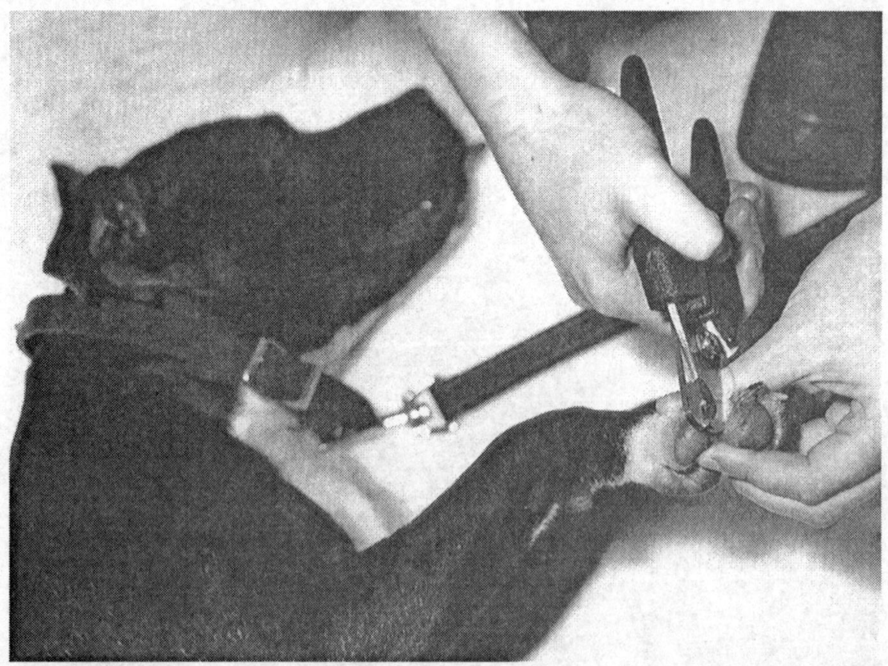

발 부분의 털을 손질하기 어려우면 수의사나 애견 미용사에게 맡기는 것이 좋다.

끝을 잘라준다. 이는 투명한 발톱에서는 쉽지만 어두운 색깔의 발톱에서는 식별하기가 어렵다. 만약 확신할 수가 없다면 수의사에게 발톱손질을 맡기는 것이 좋다.

목욕시키기

개들에게는 자기들만의 장비인 '구르기'로 바닥에 몸을 비벼 청결을 유지하고 가려운 곳을 긁고, 엉킨 털을 핥거나 씹어서 푼다. 개들은 흙 밭에서 구르는 것을 좋아하기 때문에, 개가 집안으로 들어온다면 틀림없이 악취가 진동할 것이다. 목욕할 시간이다!

개가 심하게 더럽지 않은 이상은 목욕은 몇 달에 한 번 정도만(애견사들에 의하면 어떤 종들은 목욕을 하면 안 된다고 하지만) 시켜주어도 무방하다. 열대지방이나 아열대지방에서는 진드기로부터 감염될 수 있는 병균 때문에 일주일에 한번 씩 목욕을 하는 것이 좋다. 털이 짧은 개들은 흙이 묻으면 가볍게 털어내면 그만이지만 목욕을 함으로써 누린내를 제거하는 효과를 볼 수 있다.

덩치가 큰 개들은 욕조에서 목욕시켜도 무방하다. (개가 미끄러지는 것을 방지하기 위해 욕조바닥에 고무매트를 깔아주도록 한다) 하지만 그보다는 유아용 욕조를 사용한다거나, 밖에서 씻기는 편이 실내를 깔끔하게 유지하는데 도움이 되지 않을까 싶다. 미지근한 물 (뜨거운 물이 아님!)로 천천히 적셔주며 세제보다는 유아용 샴푸나 기능성 샴푸를 사용하도록 한다. 의학기능성 샴푸, 향균성 샴푸. 그리고 수의사가 애견의 피부상태에 따라 처방하는 애견 전용 샴푸도 가능하다. 목욕시키는 일을 즐겁게 여기고 목욕시킬 때에는 물에 젖지 않는 옷을 입는 것이 좋다.

거품을 골고루 내서 엉덩이부터 시작하여 앞쪽으로 진행하도록 한다. 거품이 이목구비, 특히 눈에 들어가지 않도록 각별히 주의하도록 한다. 그 후엔 머

리부터 시작하여 샴푸기가 남아서 나중에 가려움증을 유발할 만한 다리 앞면
과 뒷면을 깨끗이 헹궈준다.

　목욕을 시켜준 후엔, 개가 몸을 거칠게 털 수도 있으니 사전에 물기를 닦아
주도록 한다. 털이 짧은 종들은 수건을 이용하여 닦아주고 털이 긴 종들은 비
벼서 닦을 경우 털이 엉킬 수가 있기 때문에 수건을 이용하여 지긋이 누르듯
이 닦아주어야 한다. 테리어 종자들은 거친 타올로 닦아주는 것을 좋아하며
닥스훈트 같은 다리가 짧은 개들은 배가 차가우면 감기에 걸릴 수가 있으므로
목욕이 끝난 즉시 물기를 닦아주는데 각별한 신경을 써야 한다. 헤어드라이어
의 강도를 약하게 하여 대략적인 탈수를 해주도록 한다. 하지만 개가 헤어드
라이어에 익숙하지 않으면 놀랄 수도 있으므로 차츰 사용하여 익숙해지게 한
다. 마른 다음의 당신의 개는 정말 깜찍하게 보일 것이다. 개가 흙냄새에 익숙
해졌던 습성 때문에 흙바닥에 몸을 다시 비비더라도 놀라지 마라.

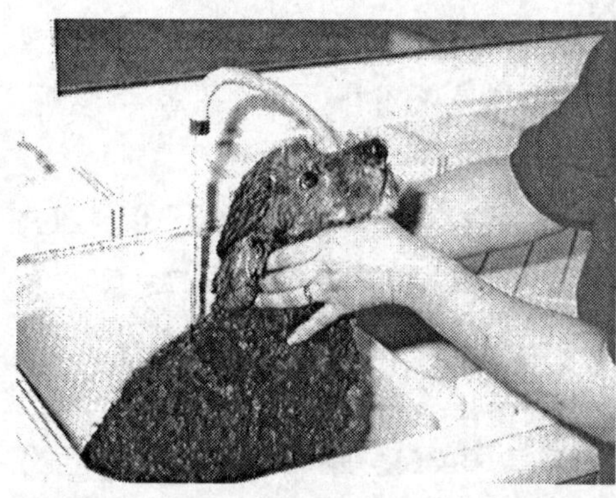

① 이 개는 아주 작아서 세면기
에서 씻겨도 충분하다. 유아
용 샴푸나 개전용 샴푸를 사
용하라.

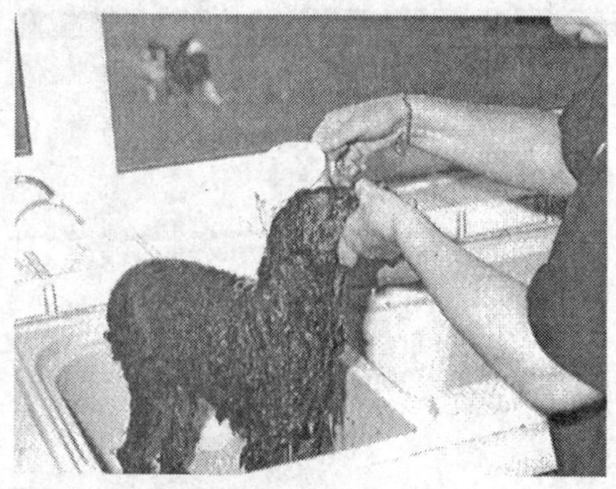

② 샴푸를 한 후에는 눈에 안 들어가게 주의하면서 따듯한 물로 거품을 헹궈야 한다.

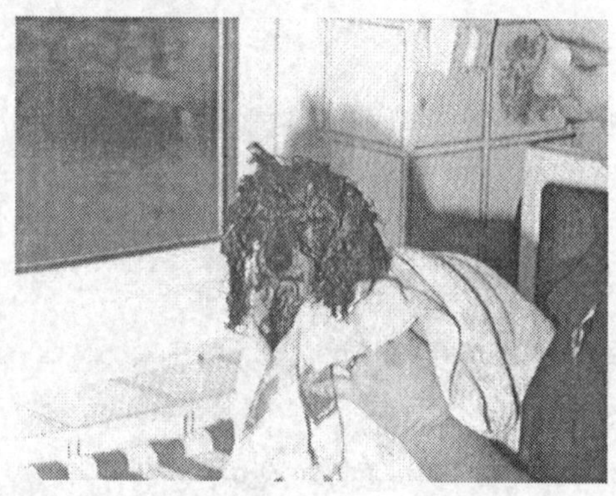

③ 개가 물을 털기 전에 수건으로 감싸서 비벼서 말려 주어야 한다.

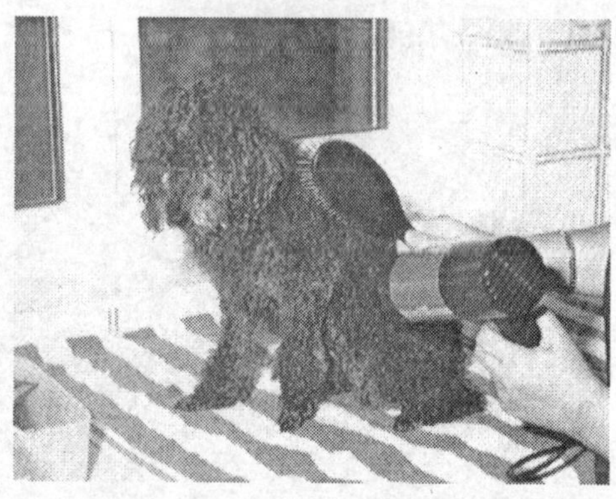

④ 마지막으로 드라이를 약하게 놓고 계속 움직이면서 말려주어야 한다. 그래야 개가 화상을 입지 않는다.

건강

건강한 개의 모습

대부분의 개들은 단단하고 건강하며 눈빛이 사랑스럽고 토실한 꼬리털이 있다. 아래의 필수적인 항목을 점검하고 이상이 있으면 수의사에게 진료를 하라.

* 배   : 뒷다리로 가면서 점점 좁아져야 하고 만질 때 예민하거나 볼록하면 안된다.
* 항문   : 깨끗해야 한다.
* 식욕   : 왕성하고 빨리 먹는다.
* 오흡   : 쉴 때는 조용하고 고르며 더울 때는 헐떡이고 기침은 안해야 한다.
* 발   : 잘 정돈되고 갈라지거나 지간낭종이 없어야 한다.
* 털가죽 : 깨끗하고 윤기가 나야하며 부수수해서 더럽거나 기생충이 있으면 안된다.
* 귀   : 깨끗하고 검은 딱지가 없고 충혈되지 않아야 하며 종 특유의 각도로 서 있어야 한다.
* 눈   : 깨끗하고 눈물이 나면 안 된다.
* 배설물 : 사료에 따라서 다양하다. 그러나 정기적으로 배변을 해야 하고 형태는 상당히 딱딱해야 한다.
* 태도   : 긴장하고 소리나 부름에 민첩하게 대응해야 한다.
* 온동   : 민첩하고 무게중심은 네 다리에 균등해야 한다.

* 코　　 : 차갑고 축축해야 하고 속에는 마르고 따듯해야 하며 분비
　　　　　물이 없어야 한다.
* 피부　 : 유연하고 깨끗해야 하며 염증이나 상처가 없어야 한다.
* 이빨　 : 깨끗하고 강해야 하고 잇몸은 분홍빛이어야 한다.
* 오줌　 : 잘 나와야 한다.

중성화

　중성화 시술의 장점은 단점보다 훨씬 많다. 어떤 종들은 중성화 이후에 털가죽이 거칠어지는데 아이리쉬 세터나 코커 스파니엘에게 별로 보기 좋지 않다. 더 나쁜 것은 어떤 개들은 더러 요실금이 생기는데 보통은 호르몬 대체 요법으로 치료가 된다. 개 주인들은 중성화를 시키면 개가 살이 찐다고 생각하지만 적당하게 먹이면 그렇지 않다. 주인들이 미안한 마음에 사료를 더 많이 주지만 연구에 의하면 중성화 된 개들은 그렇지 않은 개들에 비해서 15% 정도 필요 열량이 적다고 한다. 그러므로 사료를 좀 적게 주면 살이 찌는 것을 예방할 수 있다.

　개들은 정신적인 면에서는 18개월 정도가 되어야 완전히 성숙하지만 성적인 면에서는 6개월에서 12개월이면 성숙한다. 이것은 12개월 이하인 암컷이 새끼를 낳게 되면 정신적으로 대처할 수 없다는 결론이 된다. 암컷을 가지고

있는 사람들은 세가지 선택을 할 수 있다. 하나는 중성화이고 둘은 발정기 동안 개를 통제하는 것이며 셋은 출산 조절 호르몬 약품을 사용하는 것이다.

대부분의 개들은 6개월이나 9개월에 한 번 발정기가 온다. 평균 15일에서 21일이 지속되고 복통이나 우울증으로 고생한다. 그러다가 임신을 하지 않게 되면 개가 임신한 것처럼 보이고 행동하는 상상임신 증세가 나타난다. 마취를 하고 시행되는 중성화 시술은 이런 문제를 없애주고 개를 안정화시킨다.

대부분의 수컷들은 마취를 하고 거세를 받는데 중성화되지 않은 수컷은 사람이나 가구를 올라타려 하고 공격적으로 되며 발정난 암컷을 찾아서 헤매게 된다. 이런 행동의 문제들은 테스토스테론 이라는 호르몬이 증가해서 일어나는 것이다. 거세는 어떤 나이에도 할 수 있지만 9개월에서 18개월 사이에 하는 것이 제일 좋다.

교배

당신의 개를 교배를 시킬지를 결정하는 것은 중요한 일이다. 강아지들을 어떻게 할 것인지 생각해보고 '101마리 달마시안'을 떠올려 봐라. 강아지들을 다 키울 수는 없고 어떻게 할 것인지를 생각해 보자. 팔거나 누구에게 줄 수도 있고 그렇지 않으면 네다섯 마리를 키우면서 시간과 정력을 다 소비할 수도 있다. 강아지들을 어떻게 할지도 결정하지 않고 개를 교배하는 것은 무책임한 짓이다. 또한 이 아이들을 부적당한 가정으로 보내는 것도 잔인한 일이다. 보호소에 보내면 잘 돌보기는 하지만 거기도 자원이 무한하지는 않다.

강아지들은 사랑스럽지만 그렇다고 해서 집안을 강아지들로 다 채울 수는 없을 것이다.

당신이 잡종을 가지고 있다면 강아지들이 어미를 닮을 확률은 상당히 작다. 왜냐하면 만약 양쪽이 윗대부터 잡종이라면 강아지들이 누구를 닮을지는 거의 알 수가 없다. 그러나 만약 당신이 순종을 가지고 있다면 같은 종의 개와 교배를 하면 생김새와 성격을 짐작할 수 있는 강아지들을 얻을 수 있다. 순종 강아지를 사는 사람들은 부견이 어떤지 알고 싶어 하고 관련된 애견 클럽이나 순종 확인서를 원한다.

만약 개를 교배할 필요가 있다고 느낀다면 수의사를 찾아가면 좋은 애견사를 소개해 줄 것

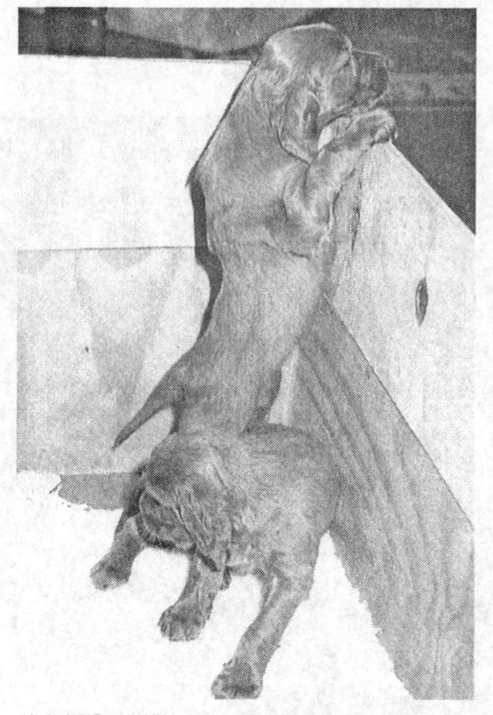

강아지들을 감당할 시간이 있는지 생각해 봐야 한다.

이다.(부견 후보를 찾는 것을 도와주고 임신동안 개를 어떻게 돌봐야 하는지를 알려줄 것이다.)

임신을 한 후 6주가 지나면 개의 배는 팽팽하게 불러오고 젖은 커지는데 이런 현상이 나타나면 출산을 할 때가 온 것이다.

임신한 개는 이때부터 더 많이 먹어야 하고 잘 쉬어야 한다. 출산할 때까지 점차 사료공급을 늘리면 평소보다 2/3는 더 먹고 사료는 하루에 2번 주어야 한다. 작은 개들은 평소보다 두 배는 더 먹을 것이다. 출산 며칠 전에는 사료를 먹지 않고 먹은 사료도 토할 것이다.

출산

출산하기 2주 전에는 준비물을 마련해서 개에게 주어야 한다. 장소는 따듯하고 조용해야 하지만 도움이 필요할 때는 당신이나 수의사가 도울 수 있는 장소여야 한다. 출산준비물은 애견점에서 판매하고 있으니까 골라서 하나 준비해야 한다. 따듯하고 세탁 가능한 합성양모를 깔고 신문을 깔아라-출산은 깨끗하지 않다. 수건과 살균제와 가위를 담은 박스를 준비해서 가까이 두어라.

대부분의 개는 어렵지 않게 출산한다. 하지만 수의사에게 미리 출산 과정을 설명 듣는 것이 현명하다. 출산 하루 전 쯤이 되면 개는 음식을 먹지 않고 준비를 하느라 바빠진다. 출산 직전에는 개가 숨을 헐떡이고 체온이 2~3도 떨어질 것이다.(개의 체온은 38도가 정상이다.) 진통이 시작되고 몇 시간이 지나면 첫 번째 강아지가 태어난다. 그리고 나머지들은 10분에서 80분을 사이에 두고 계속 태어난다.

개주인들은 출산할 때 지켜보기만 할 뿐이다. 그러나 강아지마다 태반이 하나씩 나온다는 사실을 명심하라.(잘 치워라) 개가 산통은 오는데 출산의 기미가 없으면 수의사에게 연락해서 제왕절개를 해야 한다.

제왕절개는 불독처럼 머리가 큰 종에는 비교적 흔하다. 개를 지치게 하지 말고 안되면 빨리 제왕절개를 해야 한다. 왜냐하면 최악의 경우에는 개가 죽기 때문이다.

강아지들은 머리가 먼저 나오든 꼬리가 먼저 나오든 상관없다. 어미는 핥아서 강아지에 있는 양막을 제거하고 탯줄을 씹어서 태반에서 잘라내고 이 태반은 나중에 어미가 먹는다. 어미는 나오는 강아지마다 핥아서 점액을 제거하고 체온을 따듯하게 한다. 모든 출산이 끝나면 어미는 강아지들에게 젖을 먹이고 배를 핥아서 속에 있는 오줌과 똥을 토해내게 한다. 어미는 3주 동안 모든 강아지들의 배설물을 먹어버린다.(이것은 야생의 상태에서 새끼의 존재를 천적에게 들키지 않기 위해서 하는 본능적 행위이다.) 처음 3주 동안은 강아지들은 전적으로 어미에게 의지해서 먹고 자기만을 반복하며 체온유지를 위해서 서로 비비고는 한다. 강아지들은 10일 정도 지나면 눈을 뜬다.

쵸코렛색의 앙증맞은 귀염둥이 강아지

어떤 종자들은 육식성이 나타나서 강아지들을 잡아먹는다. 불테리어들이 이런 행위를 잘 하는데 강아지들의 탯줄이 잘릴 때까지 어미를 잘 지켜봐야 한다.

개의 주인들은 어미를 안락하고 따듯하고 건강하게 해주어야 하고 잘 먹여서 어미의 모유가 많이 나오게 도와주어야 한다. 강아지들을 다루는데 어미를 자극하면 안 된다. 어미는 강아지들의 보호에 예민하다. 매일 강아지들의 체중을 재서 체중이 느는 것을 점검하라. 4주가 되면 강아지들은 더 활동적으로 되어서 사람들과의 접촉도 배우게 된다.

3주가 되면 강아지들은 젖을 뗄 수가 있는데 이것은 어미의 부담을 덜어준다. 6주까지는 완전히 젖을 떼고 강아지 음식을 먹을 수 있다. 강아지의 체온 보호와 예방 접종에 대해서는 수의사와 상담을 해라. 이렇게 해서 8주가 되면 강아지들은 집을 떠나 새로운 삶을 살 준비가 되는 것이다.

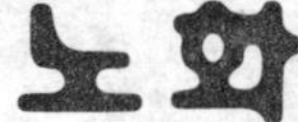

노화

애완견은 종류가 다양하므로 수명도 품종별로 큰 차이가 난다. 일반적으로 소형견은 대형견에 비해 더 오래 산다. 예를 늘어 테리어 종은 길게는 20년까지 살기도 한다. 하지만 초소형의 미니어쳐 종은 그리 오래 살지 못한다. 그레이트 데인과 같은 초대형 견종은 10년을 거의 넘기지 못하며 불독은 평균적으로 7년을 산다. 잡종견의 평균 수명은 13년이다. 그리고 대부분의 개는

7~8세가 되면 늙은 것으로 간주한다. 개의 수명에 가장 중요한 요소로 꼽을 수 있는 것은 개가 일생에 거쳐 받게 되는 보살핌의 질이다. 만약 보살핌을 제대로 받지 못하면 초기에 걸린 질병이나 감염으로 인해 내장기관이 약해지고 수년 후에는 건강에 문제가 생길 수 있다.

어떤 견종은 나이가 들면 특정한 질병에 잘 걸리는 경향이 있다. 이런 견종을 분양 받을 때는 사육자나 수의사가 이 사실을 알려줄 것이다. 나이 든 개들에게서 흔한 관절염과 요실금은 치료를 받으면 증상이 완화될 수 있다.

나이가 많이 들면 개들은 어릴 때보다 일반적으로 움직임이 적어진다. 그러나 나이가 드는 과정이 점진적이어서 건강에 문제가 생기기 전에 미리 노화한 사실을 알기는 대개 어렵다. 7세가 넘은 개는 6개월마다 수의사의 진단을 받게 하는 것이 가장 좋다.

늙은 개를 위해서 이런 사다리 같은 실질적인 도움을 주어야 한다.

늙은개가 조용하고 느리게 살고 있지만 아직은 자동차 여행을 즐길 수 있을 만큼 활기가 남아 있다.

고령의 견종은 시간이 지나면서 점차 행동에 미묘한 변화가 생긴다. 나이가 많은 개들은 일반적으로 잠을 더 많이 자며, 활동적인 젊은 개나 아이들과 함께 있을 때는 더 모방적인 행동을 보인다. 그리고 때로는 짖는 빈도도 더 늘어나는 데 이것은 청각상실이나 또 다른 어떤 문제가 발생했다는 징후일 수 있다. 개를 기르는 사람은 개의 욕구가 바뀌는 것에 일과를 유연하게 맞출 필요가 있다. 예를 들어 개가 먹는 양이 줄어서 많은 양을 하루에 한차례 먹기보다는 소량으로 두세 차례 나누어 먹는 것을 더 좋아하게 될 수 있다.

만약에 개의 목이 뻣뻣해지면 먹이와 물을 주는 그릇을 개의 머리 높이로 올려주어야 한다. 움직임도 문제가 될 수 있고 아침이나 운동 후에는 관절이 굳어질 수도 있다. 그러나 개가 싫어하더라도 관절이 굳는 것을 예방하고 기운을 북돋우며 장의 기능을 향상시키기 위해서는 운동을 충분히 시켜야 한다. 나이가 많아서 심장, 호흡기, 관절에 문제가 있는 개는 오랜 시간 운동을 시키기보다는 가벼운 산책을 자주 시키는 것이 더 좋다.

나이가 많아지면 개는 과거에 자신이 했던 것을 더 이상 할 수 없게 되면서 당혹해 하고 낙담할 수 있다. 나이 든 개에게는 스트레스가 심한 상황을 피하게 해주어야 한다. 특히 일상적이고 친숙한 환경을 유지해주는 것이 이전보다 더 중요하며, 개의 환경에 갑작스러운 변화를 주지 말아야 한다.

늙은 개는 운동을 조금만 해야 한다.

마지막 친절

당신의 개가 육체적인 문제나 질병으로 삶의 질이 상당히 떨어지거나 끊임없는 고통에 시달리면 수의사가 안락사를 제안할 것이다. 당신의 개가 아직도 할 수 있는 일을 생각하고 행복한 지 아닌지를 판단하라. 개가 아직 걸을 수 있는지 혼자 먹을 수 있는 지 아니면 대소변을 못 가리는지 따져보아야 한다. 죽음과 직면한 다는 것은 어려운 일이다. 하지만 당신의 개가 고통 받고 있다면 고통을 끝내주는 것이 당신이 해줄 수 있는 최대의 친절인 것이다.

나이와 관련된 건강 문제들

* 양성종양의 성장 : 하나라도 발견하면 즉시 수의사와 상담을 해라.

* 심장 : 개가 운동하기를 싫어하고 오랫동안 누워있던 후에는 기침을 하는 경향이 있다.

* 이빨 : 이빨에 질병이 생기는 것은 세살 이상의 개들에게 흔한 일이다. 개의 이빨을 자주 닦아주고 처음 문제가 생겼을 때 수의사를 찾아라. 문제를 방치하면 이빨 질환은 개의 전체적인 건강에 영향을 준다.

* 항문낭 : 당신의 개가 바닥에 궁둥이를 끄는 습관이 있다면 항문낭이 생긴 것이다. 수의사와 상의해서 제거하라.

* 발톱 : 운동이 적어지면서 발톱을 점점 더 자주 깎게 될 것이다.

* 요실금 : 방광 질환은 늙은 개에게 흔한 질병이다. 개의 잠자리를 방수가 되고 세탁이 쉬운 것으로 바꿔 주고 실수를 하더라도 야단치면 안 된다. 어쩔 수 없는 현상이다.

* 비만 : 늙은 개는 운동을 덜 하게 되면서 살이 찐다. 개가 살이 찌지 않도록 사료를 조절해야 한다. 비만은 다른 심각한 문제를 유발한다.

* 청력 : 개의 청력이 떨어지면 어떤 음역은 듣지 못한다. 목소리를 잘 듣지 못하기 때문에 생긴 단순한 명령과의 불일치이지 불복은 아니다. 차량의 소리를 잘 듣지 못하기 때문에 도로에서는 꼭 줄을 매어서 다니고 귀에 감염이 있는지 귀지로 막혔는지 확인하라.

* 눈 : 눈에 구름이 낀 것 같다. 이것은 백내장의 신호이다. 개가 시력이 약화되는 신호를 보이면 집안에서 가구의 위치를 바꾸지 말고 밖에 나갈 때는 꼭 줄을 매서 나가라.

* 털가죽 : 털가죽에 갈색의 반점이 생기고 더 거칠어 질 것이다.

새로운 개를 만나면 늙은 개도 생기를 되찾는다.

7. 질병

　당신의 개가 평생동안 건강에 아무 문제없이 평안하게 삶을 살지는 않을 것이다. 이 부분에서는 질병의 신호를 판별하는 방법과 몇 가지 흔한 질병을 예방하는 방법과 아픈 개를 돌보는 방법을 안내한다. 만약 개의 행동이 갑자기 바뀐다면 예컨데 음식을 잘 안 먹고 빈도가 잦아져서 몸이 마르게 된다면 수의사에게 진료를 받아야 한다.

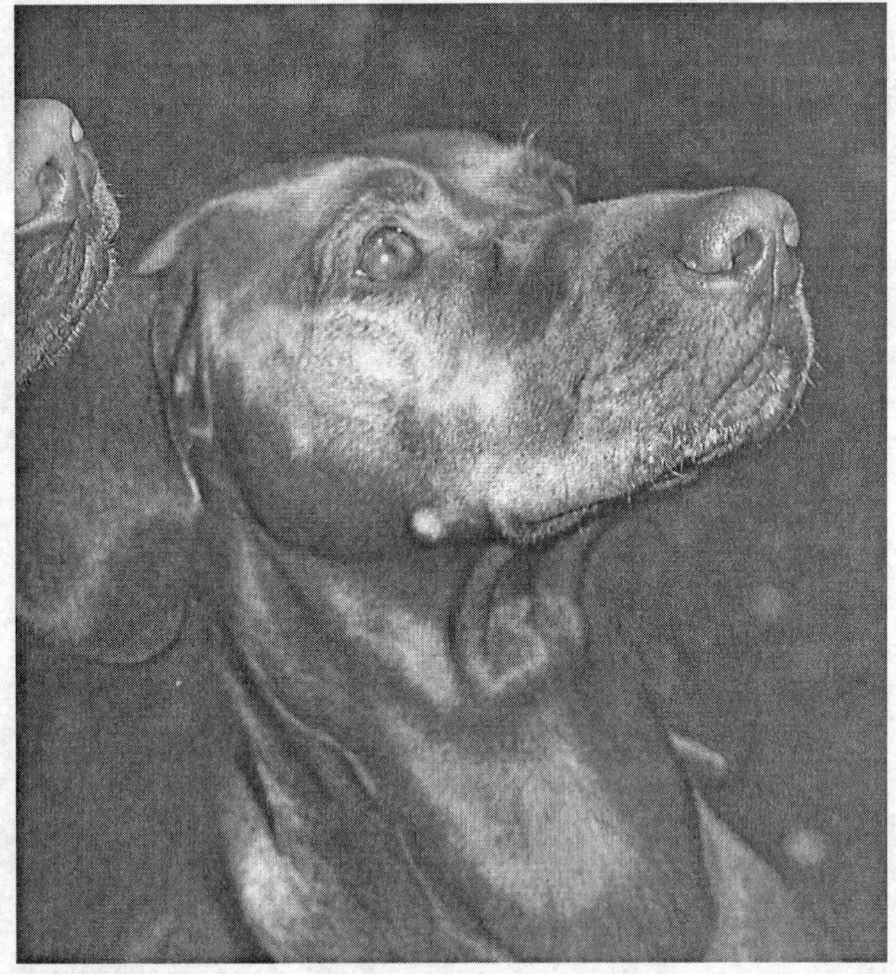

주인의 명령을 듣고 있는 개

강아지일 때 기초적인 접종을 실시하면 개의 건강을 쉽게 유지할 수 있다. 접종은 개에게 흔히 일어날 수 있는 치명적인 질병을 예방한다. 면역 보조제는 개가 면역력을 유지하게 하는 데 꼭 필요한 것이므로 보통 1년에 한차례씩 맞게 한다. 예방약은 개의 건강관리에 중요한 요소이다. 홍역백신은 2년에 1회씩 반드시 접종해야 하며, 단기적인 예방효과가 있는 렙토스피라 백신은 좀 더 자주 접종해야 한다. 여러가지의 감염원에 의해 유발되며 접촉으로 전염되는 전염성 기관지염은 대부분의 감염원을 막아주는데 효과가 좋은 코에 뿌리는 스프레이 백신으로 예방할 수 있다. 애완동물 보관소에 잠시라도 개를 맡길 때는 먼저 백신 접종을 해주어야 한다.

수의사는 개의 건강을 유지하는데 있어 중요한 동반자이므로 친절한 사람을 미리 찾아놓는 것이 좋다. 친구들에게 추천을 받거나 집에서 다니기 편리한 곳에 있는 동물병원에 등록해도 된다. 동물병원의 시설과 영업시간, 예약 시스템을 확인하고, 긴급히 연락해야 할 경우를 대비해서 눈에 잘 띄는 곳에 병원의 전화번호를 적어둔다.

개의 털 색깔이 안 좋아지면 수의사에게 진찰을 받게 하라.

유전병

야생에서는 가장 건강한 일부만이 살아남으며 이로 인해 유전병은 큰 문제가 되지 않는다. 그러나 애완용으로 길들여지고 오래 동안 선택적으로 교배가 이루어진 개는 다른 동물들에 비해 유전적 이상이 발생하기가 쉽다. 유전병은 이상이 발생한 부모개의 유전자를 통해서 한 세대에서 다음 세대로 유전된다. 때로는 건강한 개도 열성 유전자를 갖고 있다면 유전병을 유전시킬 수 있다.

아이리쉬 세터는 눈에 문제가 많이 생긴다.

러프 콜리는 진행성 망막 위축 같은 심각한 눈병에 잘 걸린다.

저먼 셰퍼드, 리트리버, 그레이트 데인 등과 같은 대형종은 뒷다리에 통증과 불구를 유발하는 퇴행성 고관절 이형성에 걸리기 쉬운데 이병은 약으로 치료가 가능하지만 심각한 경우에는 수술이 필요하다. 눈에 생기는 질병인 진행성 망막 위축증은 실명으로 이어지며 아이리쉬 세터, 코커 스패니어, 콜리, 리트리버 등에게 나타날 수 있는 문제이다. 또한 달마시안에게는 유전성 난청이 잘 나타난다.

아메리칸 코카 스파니엘은 종종 간질로 고생한다.

애완견 번식업자들은 일부 견종들의 유전적 질병을 없애기 위해 협력을 시작했다. 예를 들어 진행성 망막 위축증은 새끼에게 곧바로 유전되는데 아이리쉬 세터 번식업자들은 이 품종에서 이 병의 발병을 줄이기 위해 노력해 왔다.

스무드 콜리는 영국에서는 희귀하다.

그러나 유전병을 갖고 있는 개를 번식 프로그램에서 제거하는 것이 유일한 해결책이기 때문에 개선은 느리게 이루어지고 있다. 고관절 이형성과 같은 질병은 개가 나이가 들어서 새끼를 낳을 수 있는 나이가 되기 전까지는 잘 나타나지 않기 때문에 제거가 더 어렵다. 과학자들이 유전학 및 개의 염색체에 대해 깊이 연구하고 있으므로 일부 유전병에 대해서는 DNA 검사를 실시하여 그것을 제거할 수 있게 될 것이다.

그레이트 데인 같은 큰 개들은 관절염이나 엉덩이 발육이상으로 고생한다.

사람에게 전염되는 질병

개에게서 사람에게로 옮겨지는 감염증과 같은 질병이나 기생충은 그 종류가 많다. 그러나 이들 대부분은 기초적인 위생원칙만 엄격하게 지켜도 막을 수 있다.

정기적으로 구충약을 먹이고 개의 대변을 즉시 치우는 것은 개회충이 퍼지는 것을 막는 데 특히 중요하다. 개회충의 알은 땅속에서 최대 2년을 생존할 수 있다. 회충에는 아이들이 특히 취약하므로 아이들이 공원 등에서 놀 때 개의 대변과 접촉하지 않게 하고, 개가 아이들의 얼굴을 핥지 못하게 해야 한다. 아이들이 개와 함께 놀고 식사를 하기 진에는 반드시 손을 씻게 하는 것도 중요하다. 만약 회충의 알을 사람이 삼키면 알레르기 반응이 일어나며 심한 경우에는 실명을 할 수도 있다.

백선에 감염되면 사람의 피부에

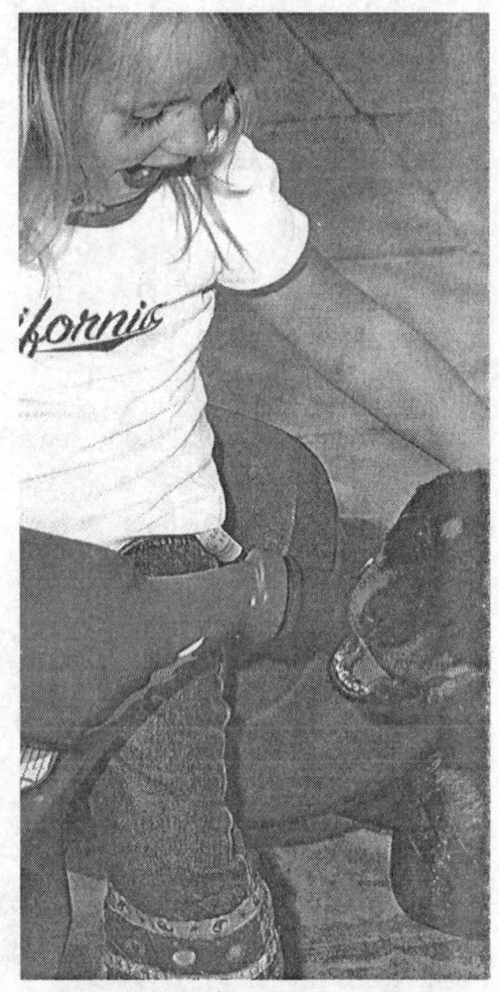

어린이와 개는 서로 존중해야 한다.

원형의 병변이 나타나므로 의사에게 치료를 받아야 한다. 벼룩이나 진드기와 같은 기생충은 사람을 물어 괴롭힐 뿐만 아니라 라임병을 옮긴다.

  아주 치명적인 질병인 광견병은 보통 개에게 물렸을 때 침으로 전염된다. 이 질병은 영국, 호주, 스칸디나비아 등의 몇몇 섬과 반도 그리고 카리브해의 섬들을 제외한 전세계 어디에서나 발생한다. 모든 포유류는 광견병에 걸릴 수 있으며 흔히 여우, 너구리, 몽구스, 박쥐, 스컹크, 고양이, 개 등이 옮긴다. 아프리카와 아시아에서는 보통 개가 감염의 원인이므로 이들 지역에서 떠돌이 개를 만지는 것은 위험한 짓이다. 만약 개에게 물렸다면 즉시 광견병 항혈청 치료를 할 수 있는 의료기관을 찾아야 한다. 이 병에 걸린 개는 보통 공격성을 띠며 침을 많이 흘린다.

  렙토스피라증에는 두 가지 형태가 있다. 그 중 하나가 쥐와 관련이 있는데 테리어종은 이것에 특히 취약하며 쥐의 오줌을 통해서 감염된다(이 병은 바일병처럼 인간에게 옮겨질 수도 있다). 농촌에 사는 개는 다른 동물을 감염시킬 수도 있다. 두 번째 형태(Leptospira Icterhaemorrhagae)는 황달을 유발하며 설사, 구토, 발열 등의 초기 증상을 보인다. 보통 항생제로 치료가 되며,

케이린 테리어는 특히 유행성 출혈열에 약하다.

백신으로 예방이 가능하다. 이 병이 진행되어 말기에 이르면 개는 심한 갈증과 호흡곤란을 겪는다.

건강검진

대부분의 애완견 소유주들은 개에게 나타나는 질병을 쉽게 발견한다. 병이 든 개는 행동이 보통 때와 다르고 무기력하며, 먹이를 먹지 않거나 물을 유난히 많이 마신다. 수주에 걸쳐 몸무게가 감소하면 질병을 의심할 수 있으며, 반면에 점차 몸이 붓는 것은 종양이 시작되는 것일 수 있다. 털이 빠지거나 피부의 이상, 절뚝거림, 산발적인 구토 등도 무언가 이상이 있음을 시사한다.

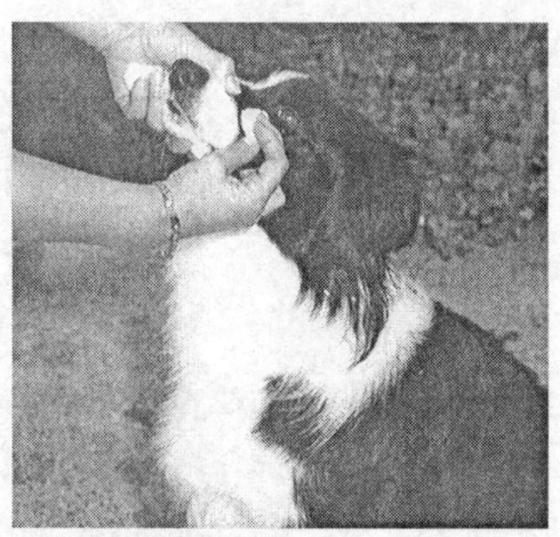

미용을 하면서 개의 건강을 점검할 수 있다.

미용은 개의 건강을 확인하고 개가 몸치장에 익숙하게 할 수 있는 좋은 방법이다. 다음의 체크리스트를 사용해서 개를 주의 깊게 살펴보자.

- 눈이 맑고 깨끗한가? 염증, 눈물 흘림, 괴저 등이 없어야 한다.
- 코가 깨끗하고 습기가 있으며, 외피에 탈색은 없는가?

- 입 속이 분홍색인지 확인한다. 잇몸은 분홍색이어야 하며(그러나 선천적으로 검은색 반점이 있는 경우도 있다), 이빨은 탈색이 되지 않아야 한다. 또한 입 안에는 음식물 찌꺼기나 기타 이물질이 없어야 한다.
- 귀는 깨끗하며 귀지, 귀고름, 냄새 등이 있지는 않은가?
- 발에 상처가 있거나 발가락 사이에 이물질이 끼여있지 않은지 확인한다.
- 개가 몸의 일부를 긁거나 어떤 부분에 불편을 느끼지는 않는가?
- 절뚝거리지는 않는가? 보통 절뚝거림은 눈에 잘 띄지만 때로는 개의 자세나 걸음걸이가 미묘하게 변화하는 경우도 있다.
- 체온이 상승하지 않았는가? 개의 정상 체온은 섭씨 38-39도이다.

개의 건강이 의심되면 어떤 증상이 얼마나 오래 지속되었는지 기록해 둔다. 이런 정보는 개의 이상을 진단하는 데 도움이 될 것이다.

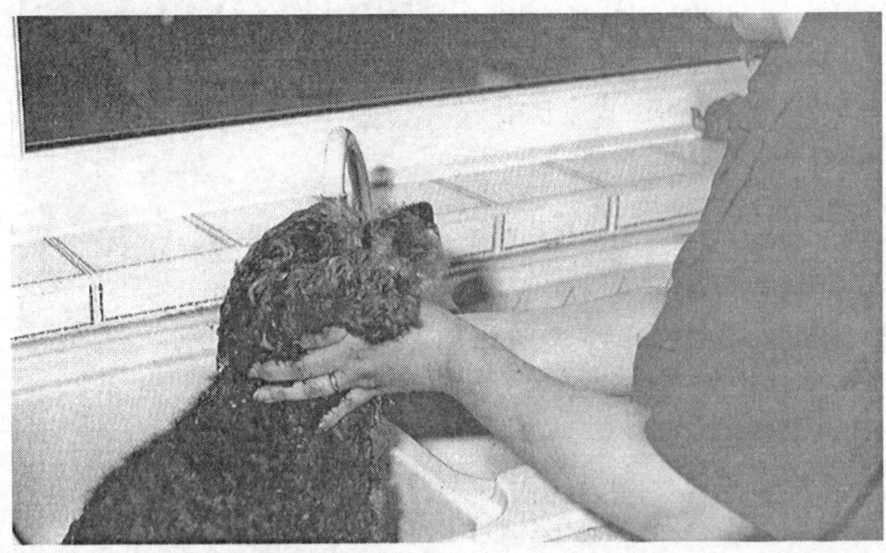

미용은 건강의 이상 신호를 판별하는 이상적인 시간이다.

수의사 부르기

개의 건강에 이상이 있는 것 같으면 즉시 수의사에게 보이자. 개가 쓰러지거나 호흡을 못하는 것 같거나, 의식을 잃거나 경련을 일으키면 의료조치가 필요하다. 개가 다쳤거나 피를 많이 흘리고, 화상을 입거나 약물에 중독 되었거나, 익사할 뻔했거나, 출산에 어려움이 있다면 가능한 한 빨리 수의사를 찾아야 한다.

심각한 문제는 외과적인 수술이 필요하다.

잠재적으로 심각한 기타 문제들에는 다음과 같은 것이 포함된다.

- 아파보일 정도로 배가 부풀어 오르고 헐떡거리며 침을 흘린다. 이것은 고창증이나 위염일 가능성이 있으므로 긴급조치가 필요하다.
- 구토 : 구토가 12시간 이상 지속되면 수의사에게 보여야 한다.
- 설사가 24시간이상 계속되거나 대소변에 피가 섞여 나오면 수의사의 진료를 받아야 한다.
- 호흡곤란이 있거나 숨을 헐떡거리면 수의사의 진료가 필요하다.
- 쓰러져 의식을 잃으면 즉시 수의사에게 보여야 한다.

투약하기

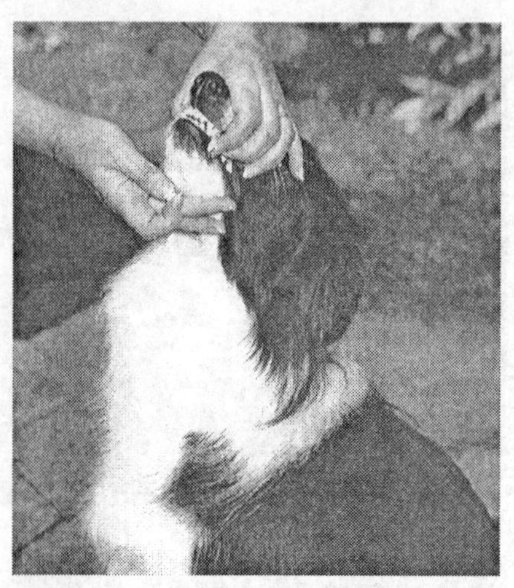

① 알약은 으깨서 먹이에 섞어 줄 수 있다. 그러나 개가 반드시 약을 먹게 해야 한다면 약을 개의 입 안쪽에 깊이 넣어주어야 한다.

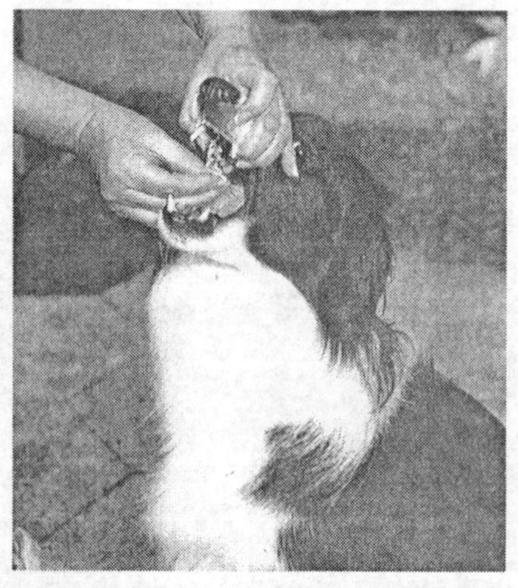

② 한 손으로 주둥이를 잡고 머리를 위로 약간 들어올린 뒤 다른 손으로 아래턱을 쥔 상태에서 엄지와 검지로 약을 가능한 한 혀의 뒤쪽에 넣어준다.

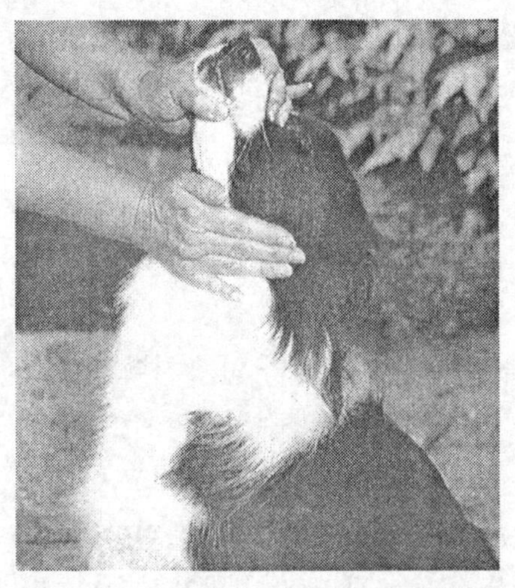

③ 주둥이를 손으로 잡아 입을 닫게 하고 목을 부드럽게 마사지하여 개가 약을 삼키도록 돕는다. 한 손으로 아래턱을 잡고 엄지와 검지로 약을 가능한 한 혀의 뒤쪽에 넣어준다. 주둥이를 손으로 잡아 입을 닫게 하고 목을 부드럽게 마사지하여 개 약을 삼키도록 돕는다.

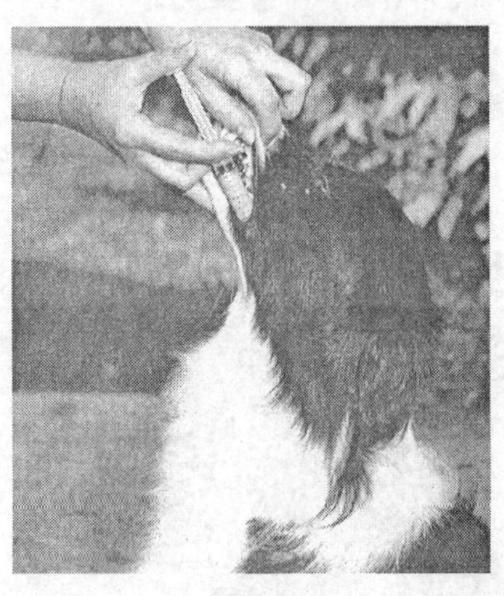

④ 액체로 된 약은 플라스틱 주사기를 사용하여 개의 입 뒤쪽으로 쏘아주면 쉽게 먹일 수 있다. 주사기를 이용하면 약의 투여량을 정확하게 계량할 수 있으며, 관을 이용하면 개가 비교적 쉽게 약을 먹을 수 있다. 투약을 한 뒤에는 주사기를 씻고, 개가 만족스러운 행동을 보일 때는 보상을 해준다. 개의 머리를 잡고 뒤로 약간 당긴 상태로 하면 한 방울도 흘리지 않고 약을 먹일 수 있다(도와주는 사람이 필요할 수도 있다). 안약은 눈가에 떨어뜨려 준다.

질병의 징후

눈

개는 눈으로 많은 것을 표현한다. 눈을 맞추는 것은 개와 인간 사이의 중요한 커뮤니케이션 수단이기 때문에 개를 기르는 사람은 보통 개의 눈에 생긴 문제를 금방 발견할 수 있다. 개는 눈이 불편하면 발로 눈을 긁으려고 하는데 이런 행동은 눈에 상처를 낼 수 있다. 눈물을 흘리는 것은 눈이 불편할 때 가장 흔히 나타나는 현상이지만 보다 심각한 문제는 잘 발견이 되지 않는다. 만약 개의 눈이나 시력에 조금이라도 의심이 든다면 수의사를 찾는 것이 좋다.

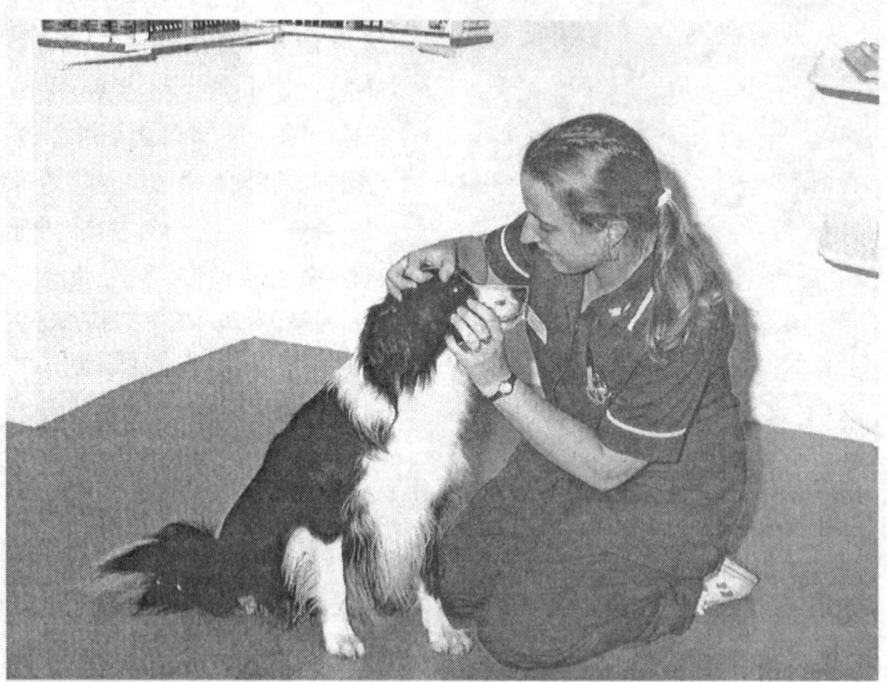

수의사가 개의 눈을 검진하면서 분비물이나 충혈, 염증을 살펴보고 있다.

눈물 흘림

눈물은 보통 자극물을 씻어내기 위해 만들어진다. 눈물관이 점액이나 감염으로 인해 막혀 있다면 눈물이 넘쳐서 얼굴을 타고 흐른다. 이것이 계속되면 털이 더러워질 수 있다. 푸들과 같이 털 색깔이 밝은 개의 눈 주위가 종종 갈색인 것을 볼 수 있는데 이것은 "푸들의 눈" 즉, 눈물관이 막혀서 발생한 것이다. 이것을 치료하지 않고 방치하면 막힌 눈물관을 뚫어 주기 위해 수술이 필요할 수도 있다. 눈물을 과도하게 흘리는 것은 또 다른 문제가 원인일 수 있으므로 항상 수의사의 진료를 받는 게 좋다.

건조한 눈

눈물이 충분히 만들어지지 않으면 눈이 마르는 건성 각결막염이 생길 수 있다. 이렇게 되면 안구의 정상적인 수분이 끈적끈적한 점액으로 바뀌어 염증을 유발한다. 이 병은 나이가 많은 개에게서 흔히 나타나며 실명으로 이어질 수 있다. 그러나 이것은 항생제와 안약으로 치료할 수 있다.

흐리거나 빨간 눈

각막이나 안구의 표면에 심한 염증을 일으키는 각막염은 부상이나 질병 감염으로 발생하며, 수의사의 치료를 받아야 한다. 각막염으로 각막이 흐릿한 청회색으로 변한 것을 푸른 눈으로 혼동해서는 안 된다. 이것은 간염과 같은 바이러스에 감염되었을 때 나타나는 현상이다(대개의 경우 며칠 이내에 회복됨). 백내장도 눈을 흐리게 할 수 있다. 그러나 이것은 다른 눈 질병과 관련이 있으며 보통 나이가 많이 들어 나타나는 문제이다. 백내장은 시력을 떨어뜨리는데, 수술로 제거될 수 있다.

시력 문제

시력 문제는 개가 가구 등에 몸을 부딪치기 시작하기 전까지는 발견이 어렵다. 이런 시점이 되면 전문의의 도움을 받아야 한다. 어떤 견종들은 유전적인 눈 질환에 걸릴 가능성이 높다. 예를 들이 콜리의 눈 이상은 망막의 이상

발달로 인한 것으로, 러프 콜리와 스무스 콜리에게서 발생한다. 이 병은 근시와 같은 시력감퇴를 유발하고 심하면 실명 될 수도 있다.

진행성 망막 위축증

진행성 망막 위축증은 먼저 야맹증으로 나타난다. 그러나 개가 물체에 부딪치기 시작하기 전까지는 발견이 어렵다. 이 병은 유전병이고 치료가 어렵지만 실명을 한 개들도 충분히 만족스러운 삶을 살 수도 있다.

귀

대부분의 개들은 귀지가 있을 때 머리를 흔든다. 그러나 머리를 계속 심하게 흔들고 귀를 긁거나 진물이 흘러나오면 귀에 이상이 있다는 신호이다. 스패니얼 종과 같이 길고 털이 많은 귀를 갖고 있는 개들은 곧은 귀를 갖고 있는 종들보다 귓병이 걸리기 쉬우므로 귀를 정기적으로 씻어주어야 한다. 건강한 귀의 내부는 윤기가 있는 옅은 분홍색이며, 귀지가 없고 냄새가 나지 않는다. 귀에 특별한 문제가 없다고 확신할 수 없다면 귀지를 제거하기 위해 개의 귀에 이물질을 집어넣지 않는 것이 좋다.

귀 진드기

귀 진드기는 강아지에게 흔히 생기며 다른 개들에게 쉽게 전파된다. 진드기가 있으면 귀 안쪽이 괴롭고 귀지가 많이 생긴다. 이런 경우 수의사들은 진드기를 제거할 수 있는 살충용 귀약을 처방한다.

염증

풀씨는 종종 스패니얼 종의 귀에 염증을 일으킨다. 염증이 생기면 개는 이물질을 제거하기 위해 먼저 심하게 머리를 흔든다. 수의사에게 보이면 핀셋으로 이물질을 제거하고 염증에 듣는 약을 처방할 것이다.

귓속 감염

개가 네 다리로 안정감 있게 서있지 못하거나 머리를 한쪽 귀의 방향으로 기울이는 등 균형감각에 문제를 보이면 귓속에 질병이 있는 것이다. 보통 항생제로 이런 문제를 해결할 수 있지만 수의사로 하여금 고름을 짜내게 해야 하는 경우도 있다. 개가 불안정한 모습을 보이는 동안에는 개의 움직임을 제한하는 것도 좋을 것이다.

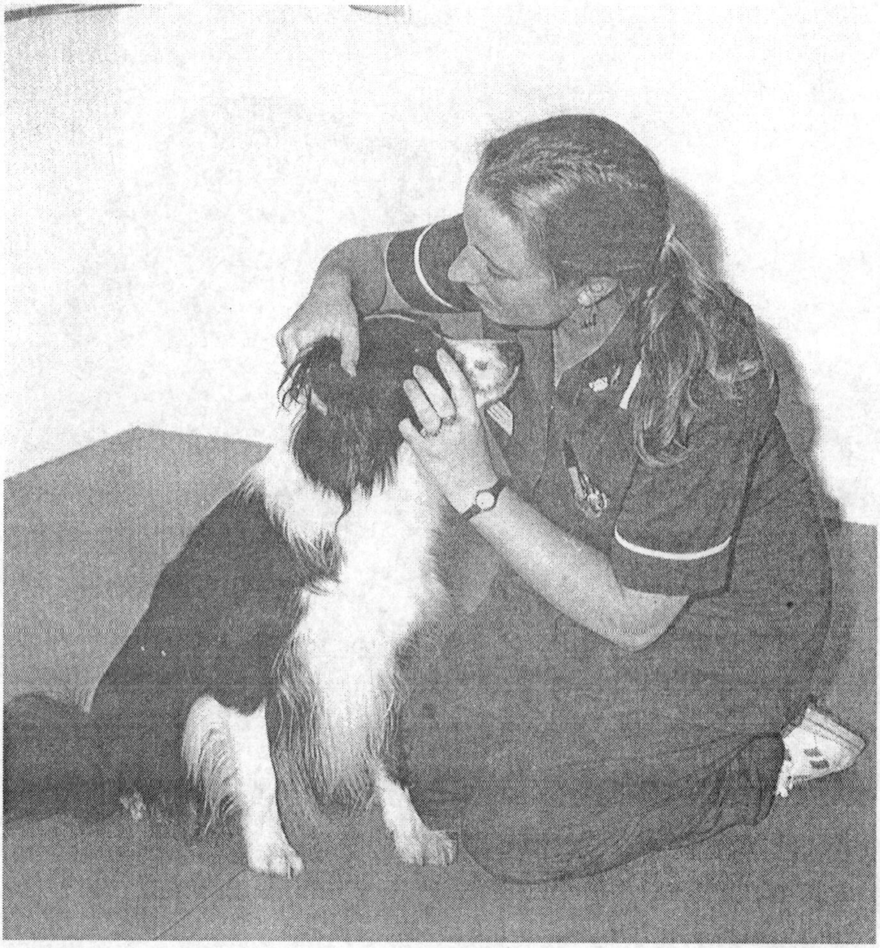

귀는 깨끗이 유지되어야 한다. 수의사가 귀에 기생충이나 과도한 귀지나 염증 여부를 살펴보고 있다.

입
치은염

성견의 70퍼센트가 넘는 개들이 치은염으로 고생한다. 이는 주로 이빨사이의 음식찌꺼기에 기생하는 박테리아 때문이다. 치은염은 그래서 매일매일 개들의 이빨을 청소해 줌으로서 예방할 수 있다. 이 병의 증세는 개의 입에서 악취가 나거나 잇몸에 염증이 생기는 것으로 알 수 있다.

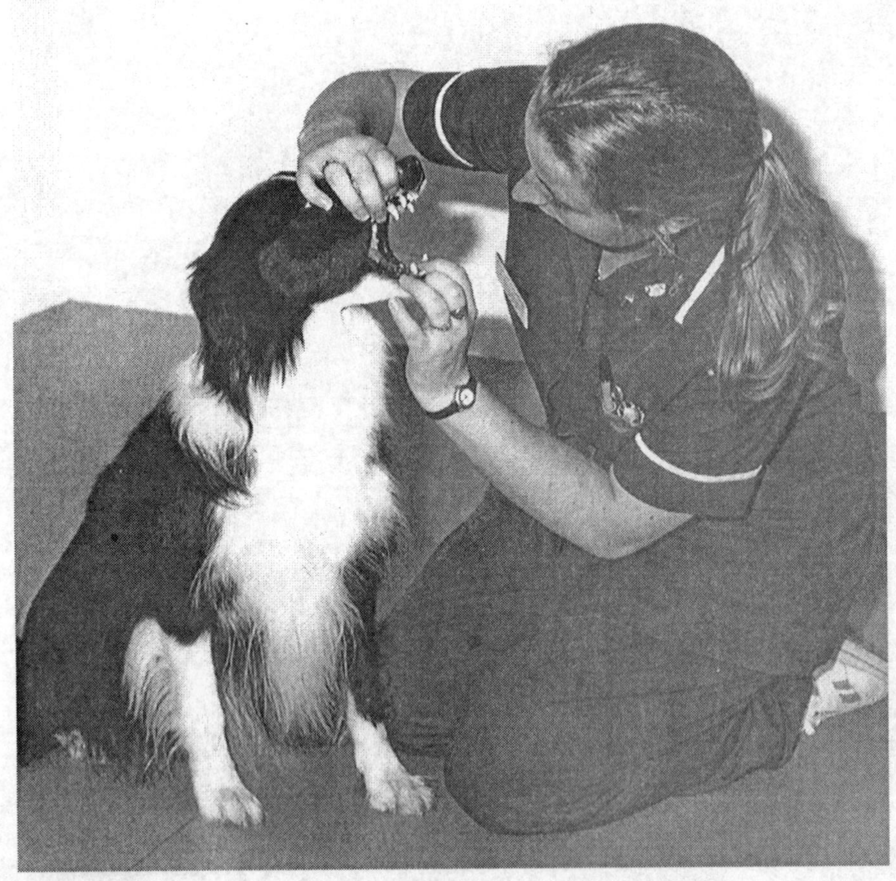

치은염이나 충치가 없는지 이빨과 잇몸은 정기적으로 검진해 주어야 한다.

체외 기생충

거의 모든 개들이 일생에 한번쯤은 벼룩으로 고통을 겪는다. 벼룩은 따뜻한 환경에서 특히 번성한다. 벼룩은 그 수가 많아지기 전까지는 눈에 잘 띄지 않지만 개를 물면 혈흔과 검붉은 색의 작은 오물 알갱이를 남긴다. 벼룩은 개의 털 사이를 빠르게 움직여 다니기 때문에 잡기가 매우 어렵지만 특별히 제작된 빗을 이용하면 쉽게 제거할 수 있다. 흰종이 위에 개에게서 나온 오물알갱이를 놓아두었을 때 이 종이가 핏자국으로 붉게 더럽혀지면 벼룩이 있다는 증거이다.

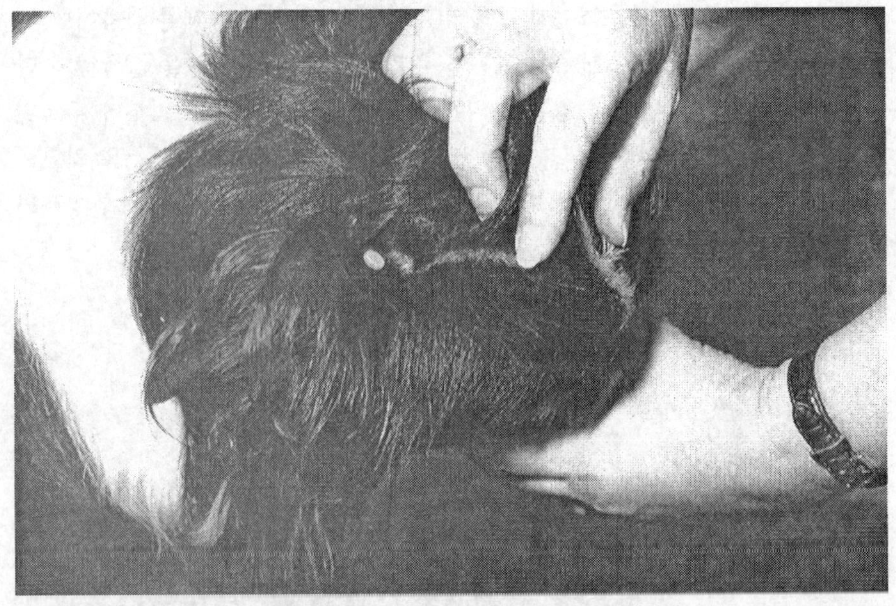

기생충은 대부분의 개들에게 만연하고 있다. 진드기가 개의 머리위에 집을 지었다.

벼룩의 암놈은 마룻바닥이나 침구류에 알을 낳는다. 낳은 지 일주일이 지나면 알이 부화하여 애벌레가 되며 2~3주가 지나면 이 애벌레가 성충이 된다. 벼룩은 카펫과 침구류에도 살 수 있기 때문에 먼저 개에게 조치를 취한 뒤 침구류 및 그 주위를 진공청소기로 청소하고 살충제를 뿌려 남아있는 벼룩을

219

죽여야 한다. 조금이라도 남아있으면 벼룩은 쉽게 번식하여 다시 개를 괴롭힐 것이다.

벼룩은 또 촌충 애벌레의 숙주 역할을 하기도 하므로 반드시 제거해야 한다. 벼룩을 죽이고 벼룩의 알이 부화하지 못하게 막을 수 있는 살충제에 관해 수의사의 조언을 구하는 것이 좋다.

개선충과 이는 보통 다른 개에게서 옮는다. 모낭충은 특히 털이 짧은 견종의 모낭 깊은 곳에 살며 육안으로는 볼 수 없다. 이들은 주로 강아지 또는 늙거나 허약한 개들은 괴롭히는데 보통 일주일에 한 차례 살충제를 사용하여 해결할 수 있다. 모낭충은 개에게 고통을 주기보다는 개의 외양을 볼품없게 만드는 정도이지만 모낭충이 있는 부위는 병균에 감염되기 쉽고 피부가 두꺼워지며 주름이 생기고 사마귀 같은 농포가 나타날 수도 있다. 모낭충을 치료하지 않고 방치하면 모낭이 파괴되고 심한 경우에는 피부에 생긴 변화가 영구화될 수 있다.

벼룩이나 진드기의 감염은 스프레이형이나 가루형 또는 먹는 약으로 치료될 수 있다.

옴 진드기는 개의 귀 끝부분과 다리 뒤꿈치의 피부에 구멍을 뚫어서 가려움과 딱지를 유발한다. (이것은 사람에게도 가려움을 유발하고 모기에 물린 것 같은 자국을 남길 수 있다) 이 기생충에 감염된 개는 최소한 4주간 매주 목욕을 시켜야 기생충을 제거할 수 있다.

참 진드기라고도 부르는 양충은 가을에 애벌레 단계에서 개에게만 옮는다. 양충은 보통 개의 발에 달라붙어서 심한 자극을 유발한다. 살충효과가 있는 샴푸를 이용하면 이것을 제거할 수 있는데 항생제가 필요한 경우도 있다.

체내 기생충

개들은 모두 자신의 항문주위를 핥는다. 하지만 이런 행위가 지속되거나 엉덩이를 땅에 끌면 기생충에 감염되었다는 신호일 수 있다. 개에게 가장 흔히 나타나는 기생충은 회충과 촌충이다.

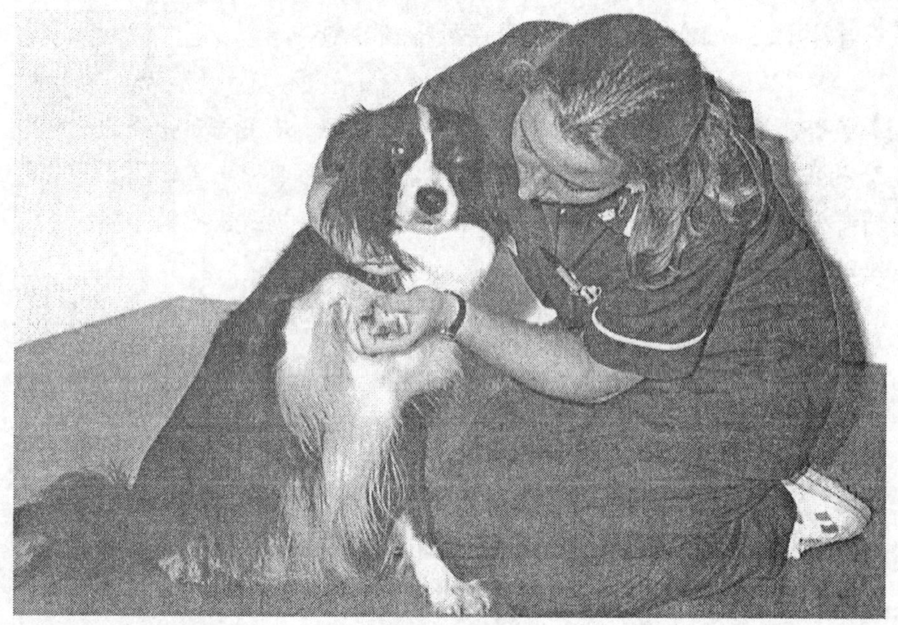

풀씨는 개의 발바닥 사이에 끼이면 가끔 감염의 원인이 되기도 한다.

　회충은 대개 태반감염을 통해서 개에게 옮겨지므로 대부분 강아지에게 나타난다. 회충의 애벌레도 어미에게서 새끼에게 옮겨질 수 있다. 이것은 태어난 지 2주 정도 된 강아지들에게도 성축한 회충이 많이 있을 수 있다는 것을 의미한다. 회충이 있는 강아지는 배가 볼록해지고 몸무게가 더디게 증가한다. 대부분의 개 사육자들은 태어난 지 3-4주가 된 모든 강아지에게 구충제를 먹이며, 이런 조치는 매월 또는 태어난 후 6개월까지 계속 반복해야 한다. 수의사들이 적절한 치료법을 조언하지만 회충은 사람의 건강을 위협하므로 성숙한 개에게도 3개월에 한번씩 구충제를 주는 것이 좋다.

　촌충은 강아지보다는 나이 든 개들에게서 더 흔하며, 개와 벼룩을 숙주로 하는 생명주기를 갖고 있다. 개에게 촌충이 있는지를 알아내는 것은 어렵다. 유일한 방법은 "작은 알갱이(촌충의 알집)"가 개의 항문 주위 및 대변에 있는지 살펴보는 것이다. 치료는 보통 수의사가 처방하는 약으로 할 수 있지만 예방이 중요하므로 벼룩을 제거해야 한다. 동물의 사체나 썩은 고기는 촌충의 감염원이므로 개가 이런 것을 먹지 못하게 해야 한다.

　불결한 환경에서 사는 개는 다른 종류의 기생충, 즉 편충이나 구충(십이지장충)에도 취약하다. 이런 기생충은 내장 안에 살며 설사를 일으킨다. 구충은 개에게 심한 출혈 및 빈혈을 초래할 수도 있다. 이런 기생충이 있을 때는 수의사의 진료를 반드시 받아야 한다.

신경계 질환

　신경계 질환은 주로 광견병이나 홍역 바이러스에 의한 것이며 이런 바이러스에 감염되면 마비, 행동 장애, 균형감각의 상실, 발작 등으로 이어질 수 있다. 바이러스나 박테리아는 뇌의 안쪽 벽에 염증을 유발하며, 머리에 부상을 당하여 뇌조직에 손상이 가면 간질이 발생할 수도 있다.

무도병

근육이 제멋대로 경련을 일으키는 무도병은 보통 홍역과 같은 또 다른 질환의 증상이다. 이런 근육경련은 병에서 회복된 후 2-3주가 지나서 시작되기도 하며, 개가 자고 있을 때 분명히 확인할 수 있다. 이 병이 발전하면 심각한 근육경련과 발작을 유발할 수 있으므로 반드시 수의사에게 보여야 한다.

무도병은 개가 잠들었을 때 걸렸는지 잘 알 수 있다.

홍역과 경척증

대부분의 강아지들이 홍역 예방접종을 받지만 아직도 일부는 이 병에 걸린다. 감염률과 치사율이 높은 이 병은 주로 어린 개들에게 걸린다. 이 병에 걸리면 콧물과 눈물을 많이 흘려 딱지가 생기고 기침, 발열, 구토, 설사가 계속되는 전형적인 증상이 나타난다. 이 병은 뇌에 염증이 생기는 뇌염과 발작으로 이어질 수 있으나 간호를 잘하면 대부분의 경우 치료될 수 있다. 경척증은 개의 발에 있는 각질층이 바이러스에 감염되었을 때 발생하며 병에 걸리면 그 부분이 가죽처럼 뻣뻣하게 된다. 반드시 수의사의 진료를 받아야 한다.

균형감각의 상실

균형감각의 상실은 귓속이 감염되었음을 시사하는 것일 수 있다. 이런 문제가 있을 때 개는 문제가 있는 쪽으로 머리를 눈에 띄게 기울이게 된다. 귓속 감염은 항생제로 치료할 수 있다.

광견병

개의 행동변화는 신경병적 문제로 발생하는 것일 수도 있지만 광견병이 가장 심각한 원인이다. 광견병의 최초 증상은 성질의 변화이다. 온순하던 개가 공격적으로 변하고 활동적인 개는 조용해지기도 한다. 이 병이 10일 정도 경과하면 점차 마비가 시작되고 개는 결국 호흡부전으로 사망하게 된다.

발작

발작은 약으로 통제할 수 있다. 그러나 간질이나 뇌염 또는 뇌종양 등과 같은 또 다른 문제의 징후일 수 있다. 뇌염은 항생제로 치료할 수 있으며 종양도 때로는 제거가 가능하다. 원인이 무엇이든 발작이 나타나면 수의사에게 보여야 한다.

소화기 질환

개는 천성적으로 쓰레기를 뒤지는 동물이며 이런 것에서 먹이를 구하게 되면 반드시 병에 걸린다. 복통을 가라앉히기 위해 어떤 개들은 구토를 일으키는 풀을 뜯어먹는다. 그러나 구토를 계속하거나 토사물에 피, 담즙이 섞여 나오면 지속적인 설사와 마찬가지로 심각한 문제가 있다는 표시이다.

만약 개가 구토를 하면 하루 동안은 고형 먹이를 주지 말고 수의사에게 데려가는 것이 좋다. 심한 구토는 개의 생명을 위협하는 위염전이나 파르보바이러스에 감염되어 일어나는 것일 수도 있다.

(강아지들은 파르보바이러스 예방접종을 받지만 치사율이 높은 이 전염성 바이러스는 잠복하여 만성적인 구토 및 피가 섞인 설사를 유발할 수 있다) 어떤 경우이든 구토가 심하면 수의사를 찾는 것이 좋다.

개가 식욕을 상실하는 것도 몸에 이상이 있다는 신호이다.

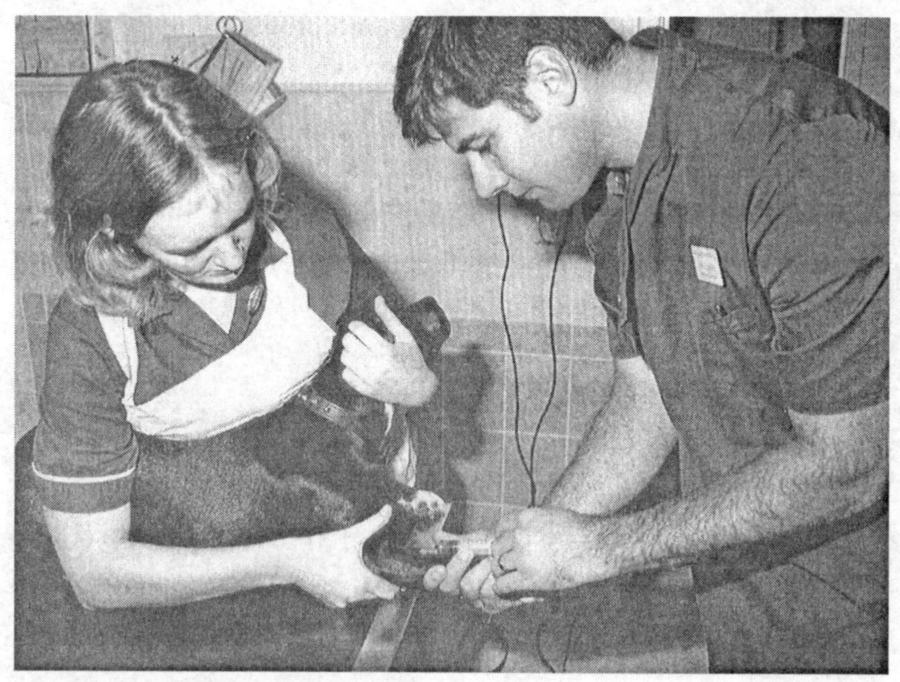

개가 수술 전에 마취주사를 맞고 있다.

변비

변의 농도나 변을 보는 빈도는 견종마다 다르지만 개가 변을 보는데 어려움을 겪거나 긴장하고 불안한 모습을 보이면 변비가 확실하다.

변비는 늙은 개들에게서 더 흔히 나타나는 문제이며 장의 기능이 약함을 보여주는 증상이다. 또한 변비는 항문낭이 막혀있다는 신호이다. 이럴 경우 항문낭을 짜서 비워내고 항생제로 치료해야 한다. 한편 소화된 뼈도 소화기관에 문제를 유발할 수 있다.

개들은 지방을 소화하지 못하면 기름기가 보이는 변을 본다(이것은 췌장의 이상을 나타내는 신호일 수 있다). 이런 경우에는 개에게 완하제를 주어서는

안 된다. 유동 파라핀과 같은 완하제를 사용하려면 수의사에게 먼저 조언을
구해야 한다.

복부 팽창, 고창증

고창증은 보통 그레이트 데인과 같은 대형견에게 잘 생기며, 페키니즈나
닥스훈트에서도 나타날 수 있다. 이 병에 걸린 개는 먹이를 먹고 2-4시간이
지나면 고통스러워 하는 모습을 보이며, 배가 부풀어올라 딱딱해지는 것도 발
견할 수 있다. 또 이때 개는 구토를 시도하게 된다. 이런 상태는 긴급한 수술
이 필요하므로 즉시 수의사에게 데려가야 한다.

몸무게 이상

개가 갑자기 왕성한 식욕과 심한 갈증을 보이면서도 몸무게가 꾸준히 줄어
들면 수의사에게 당뇨병 검사를 요청해야 한다. 대부분의 경우 당뇨병은 매일
인슐린을 주사하여 혈당 수치를 조절하는 방법으로 치료할 수 있다.

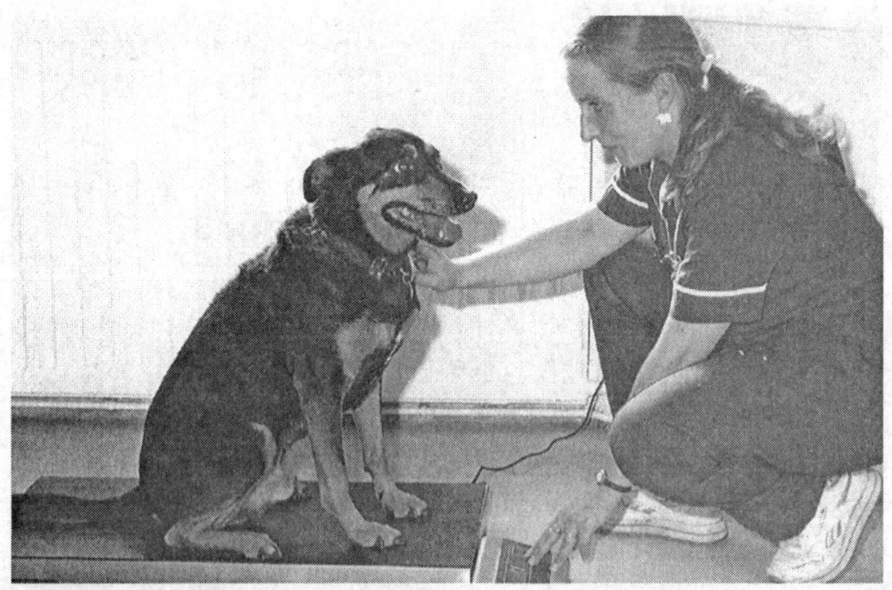

과도한 체중 증가나 감소는 병의 증세인 경우가 많다.

또한 먹이에 변화를 주지 않았는데도 개가 무기력해지고 몸무게가 늘어나면 갑상선의 이상으로 신진대사가 저하된 것일 수 있으므로 수의사를 찾는 것이 좋다. 이 문제는 약으로 쉽게 치료할 수 있다.

그러나 대개의 경우 몸무게의 증가는 운동부족 및 과식이 그 원인이므로 개가 과체중이 되지 않도록 유의해야 한다. 비만견은 수명이 짧아지며, 날씬한 개들보다 힘든 삶을 살게 된다.

비뇨기 질환

개가 소변을 보는 데 변화가 생기면 수의사의 진찰을 받아야 한다. 개가 소변을 볼 때 긴장한다면 방광이 균에 감염되었거나 결석이 있다는 의미일 수 있다. 결석은 신장에서부터 방광에 이르는 비뇨기계의 어떤 부분에서 생길 수 있다. 결석이 있는 개는 보통 방광을 적절히 비울 수 없기 때문에 조금씩 자주 소변을 본다. 문제가 감염에 의한 것이라면 보통 항생제로 치료할 수 있다. 그러나 막힘 증상이 심한 경우에는 수의사가 도뇨관을 사용하여 방광을 비워야 한다. 결석은 엑스레이로 볼 수 있으며 대개는 식이요법으로 치료될 수 있다.

요실금은 나이 든 개들에게서 흔히 나타나며 개는 자신의 증상을 알지 못한다. 또 요실금은 특히 난소를 제거한 젊은 암컷에게서도 발생하는데 이것이 호르몬 불균형으로 인한 것이라면 호르몬 요법으로 치료할 수 있다. 수컷들도 전립선이 비대해졌을 때 이런 문제가 나타날 수 있다.

방광이나 신장이 균에 감염되거나 당뇨병, 간의 이상 등에 의해 소변을 보는 빈도가 증가할 수 있다. 이럴 때 수의사에게 데려가면 수의사는 검사를 위해 소변샘플을 채취한다.

성숙한 개에게서 발생한 신장병(단순한 감염이 아닌)은 종종 심각한 질환의 원인이다. 급성신부전증이 있으면 보통 강렬한 갈증을 느끼며, 소변이 감

소하고 끈적거리며 색도 짙어진다. 액체약을 정맥에 주사하기 위해서는 수의
사를 찾아야 한다.

순환계 및 호흡계 이상

개들은 혈액에 이상이 생기는 경우가 드물지만 심장병은 사람만큼이나 흔
하다. 갑작스러운 심부전증은 흔하지는 않지만 대개 도베르만과 같은 대형종
에서 나타난다. 킹 찰스 스패니얼 같은 일부 견종들은 진행성 심장판막질환에
걸리기 쉽다. 심장 이상은 약물로 치료할 수 있으며 개의 일상활동에 주의 깊
은 관찰이 필요하다. 운동은 꼭 필요하다.

기침은 보통 호흡계통 기관에서 콧물이나 이물질을 제거하기 위한 행동이
다. 그러나 기침이 홍역이나 전염성 기관지염과 같은 보다 심각한 질병의 증
상일 수도 있다. 전염성기관지염은 최근에 애완동물 보관소에서 돌아온 개에

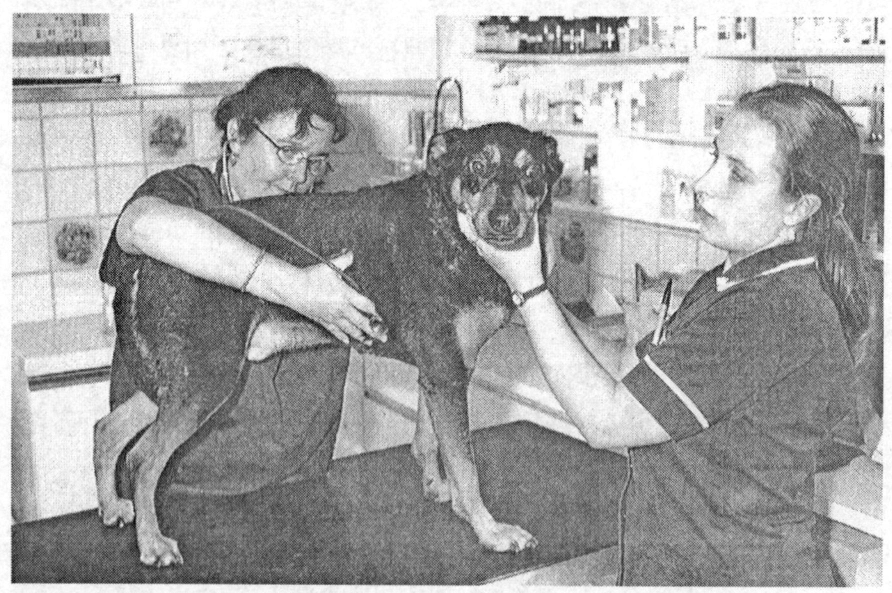

수의사가 청진기로 늙은 개의 심장박동을 듣고 있다.

게서 잘 나타나는 마른 기침이다. 이 병에 걸린 개는 특별히 아파 보이지 않지만 보르데텔라균으로 인해 기침이 나고 이차 감염에 의해 폐렴으로 이어질 수 있다. 애완동물 보관소에 보내기 전에 예방접종을 하는 것이 좋다. 습한 기침은 순환계 이상의 징후일 수 있으며, 보통 나이가 든 개가 운동을 마친 후에 한다. 기침을 오래 하고, 특히 먹기를 거부하거나 고통스러워하면 수의사의 진료를 받아야 한다.

외부적 질병

항문낭

2개의 주머니로 이루어진 항문낭은 항문의 양쪽에 각각 위치하며, 개가 냄새 표시를 하거나 암컷이 발정기를 알릴 때 사용하는 자극적인 분비물을 생산한다. 개들은 스트레스를 받으면 때때로 이 항문낭을 자기도 모르게 비우기도 한다.

이 항문낭이 막히면 먼저 염증이 생기고 고통이 심하며, 이런 문제가 발생된 개는 자신의 엉덩이를 바닥에 끌기도 한다. (이런 행동은 벼룩이나 기생충이 있을 때 보이는 증상과 혼동하기 쉽다) 항문낭을 비워주는 것은 비교적 간단하지만 문제의 원인을 파악하려면 수의사에게 보이는 것이 좋다.

육아종

육아종은 보통 앞발에 잘 나타나며(래브라도나 털이 짧은 견종에서 잘 나타난다), 적절히 치료되지 않은 작은 상처나 찰과상이 있는 부위를 개가 자꾸 핥을 때 그곳이 벌어지면서 생긴다. 이 부위의 피부는 가렵게 되고 결국 궤양이 생긴다. 다리에 붕대를 삼아주면 개가 핥는 것을 막을 수 있지만 가장 좋은 방법은 개의 목에 깔때기 모양의 "엘리자베스 칼라"를 씌워서 개가 핥지 못하게 하는 것이다.

피부 질환

피부의 이상은 병이 걸린 개에게 가장 흔히 나타나는 귀찮은 문제이다. 개가 몸을 긁는 것은 벼룩이나 기생충이 있다는 표시이지만 끊임없이 긁는다면 피부손상 및 염증을 유발하여 문제를 악화시킬 수 있다.

지루증

피부를 매끄럽게 하기 위해 피지선에서 나오는 피지가 과하게 생산되는 지루증이 있으면 피부에 기름기가 보이고 쥐에서 나는 냄새가 난다. 이 질환은 코커스패니얼 종에서 가장 흔하지만 테리어도 걸릴 수 있다. 마른 지루증은 비듬 같이 보이기도 하는데 이 두 가지 형태의 지루증은 모두 피지 억제용 샴푸로 쉽게 치료할 수 있다. 지루증은 기생충, 효모 감염, 호르몬 불균형, 부실한 먹이 등으로 유발된다.

탈모

탈모도 견종마다 그리고 각각의 애완견마다 그 유형이 다르다. 일부 견종들은 봄과 가을에 새로운 털이 자랄 때 끊임없이 털이 빠진다. 그러나 어떤 개들은 과도하게 털이 빠져 듬성듬성해지는데 이것은 호르몬 불균형이나 중앙 난방과 같은 환경적 요인에 의한 것이다. 건강한 모피를 유지하고 가려움을 예방하기 위해서는 자주 빗질을 해주어야 한다.

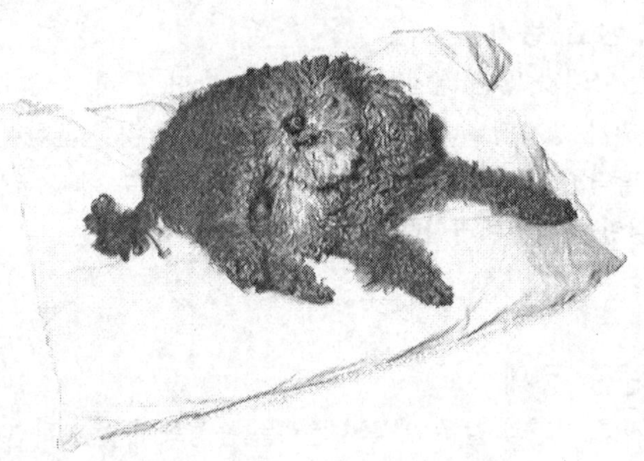

개가 많이 긁는 다면 벼룩이 있다는 증거이다.

　국부적인 탈모는 백선 또는 진드기 같은 기생충이 원인일 수 있다. 두 가지 경우 모두 치료가 용이하다. 콜리와 같은 일부 견종들은 햇볕에 타서 주둥이 부위의 털이 빠질 수 있으므로 이런 견종에게는 자외선 차단효과가 높은 햇빛 차단제를 발라 보호해 주어야 한다. 어떤 개들은 다리 뒷꿈치 부위에 탈모가 일어나는데 이것은 딱딱한 곳에 너무 강하게 문질렀기 때문에 발생하는 것이다. 한편 굳은살이 생겼을 때는 보습 크림을 발라주면 도움이 되며, 부드러운 침구류를 사용하면 피부 이상을 줄일 수 있다.

스므드 콜리는 청력 상실로 고생하곤 한다.

미니어처 푸들은 뼈 질환으로 고생하는 경우가 많다.

사마귀, 낭포, 종기

사마귀는 나이가 많은 개에게서 흔히 나타나며, 특히 스패니얼과 푸들에게 많다. 사마귀가 생기면 수의사들은 수술로 제거할 것을 권한다. 낭포는 피부 밑에 있는 딱딱한 덩어리이며, 나이 많은 개들의 피부 아래에 생기는 양성 종기는 말랑말랑한 살덩어리이다.

교배 관련 문제

암컷의 자궁 감염과 같은 생식의 문제는 중성화 수술을 하면 막을 수 있다. 성적으로 성숙한 모든 개는 불임을 유발할 수 있는 브루셀라와 같은 성병 검사를 받게 해야 한다.

전립선이 비대해지는 전립선 질환은 나이가 많은 수컷에게서 나타나는 문제이다. 전립선은 방광의 출구 근처, 직장의 아래쪽에 있으며 여기에 문제가 생기면 먼저 요실금 및 변비증이 나타난다(비대해진 전립선이 직장을 막기 때문). 일부의 경우는 호르몬제를 투약하거나 거세하여 치료할 수 있다.

개의 임신 여부를 파악하는 것은 어려울 수 있다. 그러나 임신 진단을 받으면 생식기에서 분비물이 있는지 살펴보아야 한다.

혈액이 섞인 분비물이 보이면 유산의 위험이 있으며, 고름이 나오면 자궁 감염이 의심된다. 두 가지 경우 모두 즉시 수의사에게 보여야 한다.

대부분의 암컷은 별 어려움 없이 출산을 하지만 출산은 개에게 위험할 수도 있다. 개가 새끼를 낳을 것 같으면 만약을 대비해서 수의사에게 연락을 취해 놓는 것이 좋다.

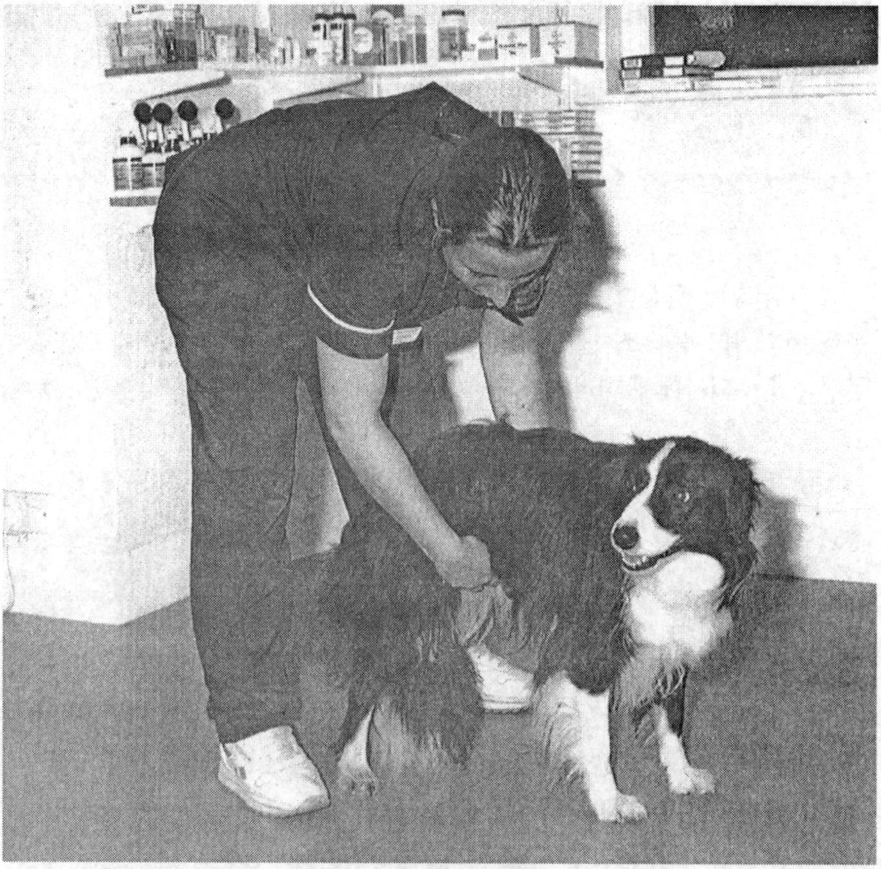

개가 임신한 것인지 의심스러우면 수의사에게 확진을 받아야 한다.

긴급상황과 응급조치

개의 건강이 의심되면 즉시 수의사를 찾아야 한다. 긴급한 상황에 개의 고통을 완화하고 응급조치를 취하는 여러 가지의 방법이 있다. 심각하지 않은 문제라면 수의사에게 데려가기 전에 먼저 직접 응급조치를 취하는 것도 좋다.

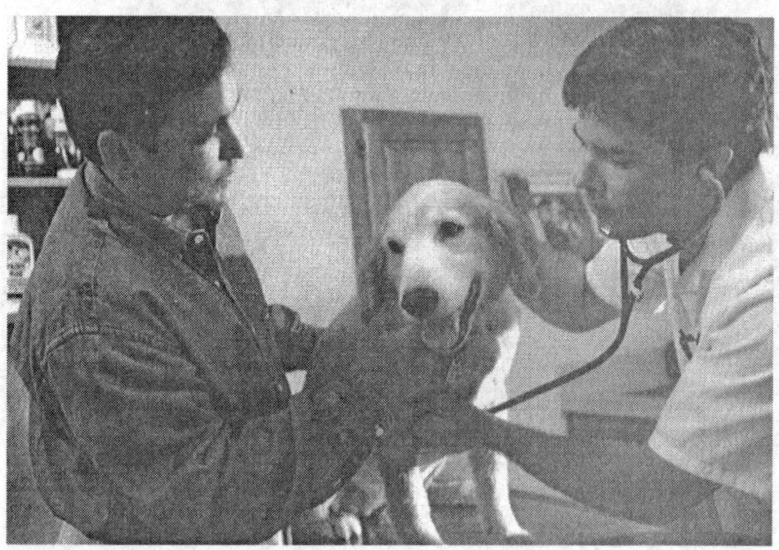

이상이 의심되면 언제나 수의사를 찾아야 한다.

구급상자

개와 사람의 구급상자를 섞어 놓으면 안 된다. 개의 구급상자를 준비하고 그 안에는 수의사의 전화번호를 넣어 두어야 한다.

구급상자에는 아래의 물건들이 포함되어야 한다.

- 탈지면
- 면봉
- 5cm와 10cm의 두 가지 넓이의 밴드
- 반창고
- 끝이 뾰족한 가위
- 끝이 둥그런 핀셋
- 체온계
- 소독약

의식불명

사고로 개가 기절하거나 의식불명이 되면 기도를 먼저 확인하여 이물질을 제거한 뒤, 개의 호흡이 막히지 않도록 혀를 앞으로 조심스럽게 잡아당겨야 한다.

호흡을 하는지 가슴을 살펴본다. 개는 1분에 20회 내지 30회 숨을 쉰다. 숨을 쉬는 것이 부자연스럽다면 횡격막에 부상을 당한 것이기 쉽다. 뒷다리 안쪽부위나 가슴 또는 다리 뒷꿈치 안쪽에 손을 대어 맥박을 확인한다. 대형견은 맥박이 1분낭 50회 내지 90회 뛰어야 하며, 소형견은 약 150회 뛴다.

이런 확인에 너무 많이 시간을 써서는 안 된다. 의식불명인 개는 빨리 수의사의 진료를 받아야 하므로 담요로 싸서 동물병원으로 데려가야 한다.

출혈

개가 심하게 피를 흘리면 긴급한 상황이다. 병원으로 가는 동안 압박붕대를 상처부위에 대어 피를 멈추어야 한다. (지혈용 압박대는 사용하지 말아야 한다). 커다란 솜뭉치를 상처부위에 대고 그것을 붕대로 단단하게 묶는다. 외부에서 부상을 당해 붕대를 구할 수 없으면 스카프, 양말, 티셔츠 등을 붕대로 이용할 수 있다. 중요한 것은 출혈을 줄이는 것이다.

상처가 가벼우면 쉽게 피를 멈출 수 있으며, 소독제로 상처부위를 소독하는 것

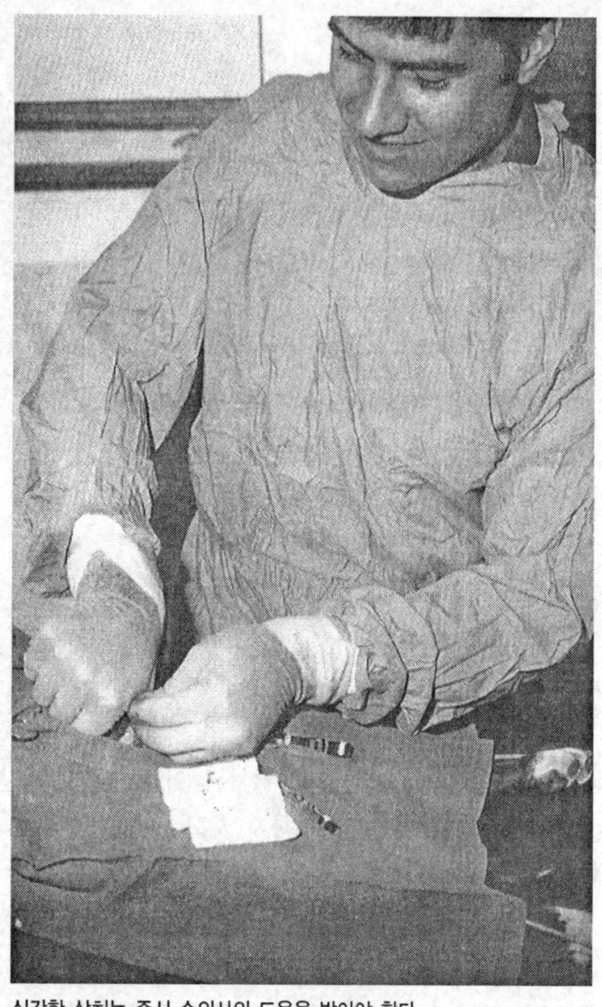

심각한 상처는 즉시 수의사의 도움을 받아야 한다.

만으로 충분할 수도 있다. 상처주변의 털을 깎아주면 감염을 막을 수 있으며, 감염이 되어 부풀어 올랐는지도 쉽게 확인할 수 있다.

개의 피부는 즉시 피를 흘리지 않으므로 깊은 상처가 났어도 놓치기 쉽다.

상처가 1cm가 넘고 깊어 보이면 꿰매야 한다. 심하게 피를 흘리지 않는다면 응급조치를 취할 필요는 없으며 곧장 수의사에게로 데려간다.

개가 교통사고를 당했거나 높은 곳에서 떨어졌다면 내출혈이 있을 수 있다. 개가 갑자기 무기력해지면 즉시 수의사에게 알려야 한다.

교통사고

도시 지역에서는 개를 잘 관리해야 교통사고를 당하는 것을 막을 수 있다.

심한 부상을 당한 개는 쇼크 상태에 빠져서 사람을 물 수도 있으므로 개를 살펴보기 전에 끈이나 스카프 등으로 주둥이를 묶는 것이 좋다. 개가 의식을 잃었다면 부상당한 부위를 건드리지 말고 옮기기 쉽도록 코트나 담요를 덮어준다. 다른 사람의 도움을 받아 자동차로 옮길 때는 담요나 코트를 들것으로 사용하고 가능한 한 빨리 수의사에게 데려간다.

개가 다리에 골절을 당한 것 같으면 한 손으로 개의 가슴을 받치고 다른 손으로 후반신을 받쳐서 다친 다리를 편하게 늘어뜨릴 수 있게 해야 한다.

다른 동물에게 물리는 경우

물린 상처에서 출혈이 많거나 심하게 물린 경우가 아니라면 물린 것은 긴급한 상황은 아니다. 물린 상처에는 이빨로 난 구멍이 있어서 감염이 되기 쉬우므로 상처를 소독하고 24시간 정도 상태를 살펴본 뒤 이상이 있으면 수의사에게 데려간다. 수의사는 항생제의 투약 여부를 판단한다.

곤충에게 쏘이는 경우

개는 보통 곤충에 쏘여도 쏘인 곳이 부풀어 올라 개의 기도를 막거나 여러 차례 심하게 쏘이지 않는 한 잘 죽지 않는다. 입이나 목이 부풀어 오르지 않는 한 수의사의 진료를 받을 필요는 없다. 만약 개를 쏜 침이 눈에 보이면 족집게로 그것을 제거하고 부은 것이 가라앉도록 크림을 발라주거나 얼음주머니를 대어 준다.

열사병

열사병은 보통 주인의 부주의로 발생하지만 차우차우나 불독과 같은 종은 다른 개들보다 더 열사병에 취약하다. 환기가 잘 되지 않고 물이 없는 자동차 안에 개를 남겨두어서는 안 된다.

흐린 날씨에도 기온이 올라가면 열사병으로 개가 사망할 수 있다.

열사병에 걸리면 심한 헐떡거림과 피로를 보이고 깊은 호흡을 하지 못한다. 심한 경우에는 혀가 부풀어 오르고 푸른색으로 변한다. 이런 상태가 되면 즉시 찬물에 개의 몸, 특히 머리를 담가서 개를 소생시켜야 한다. 가능하다면 욕조나 물통에 찬물을 채운 뒤 그곳에 담그고, 이것이 곤란하면 찬물에 적신 수건을 덮어준다. 이런 조치는 개의 생명을 구할 수 있는 필수적 조치이다. 일단 개가 좀더 호흡을 쉽게 하면 수의사에게 데려간다.

중독

개는 독을 섭취할 수도 있고, 오염물질로 병을 앓거나 화학물질로 화상을 입을 수 있다. 개가 부식성 화학물질에 닿으면 따뜻한 비눗물을 묻힌 스폰지로 화학물질에 닿은 부위를 닦아 준다. 자신의 피부에 사용할 수 없는 물질, 예를 들면 페인트 제거제 같은 것을 개에게 사용해서는 안 된다. 이런 화학약

품은 개를 중독 시킬 수 있으므로 수의사의 조언을 구해야 한다.

독을 섭취하면 치명적이므로 독성 물질은 개가 닿을 수 없는 곳에 두어야 한다. 그러나 적절치 못한 어떤 것을 개가 삼킨 것이 확실하다면 개가 먹은 물질 및 그것의 포장지와 함께 개를 즉시 수의사에게 데려가야 한다. 구토, 설사, 발작, 기절, 의식불명 등은 모두 중독으로 나타나는 증상이다. 독을 한 시간 이내에 섭취한 경우에는 개에게 짠물을 주어 구토를 유도한다. 짠물은 미지근한 물 한 컵에 소금 1티스푼을 녹여서 만든다. 이 물을 주사기로 개에게 투여하고 신문지나 담요를 옆에 놓아둔다. 개가 구토를 하면 토사물 샘플을 가지고 개를 즉시 수의사에게 데려간다.

불독처럼 머리가 크고 엉덩이가 작은 개들은 출산의 문제가 있다.

독 성 물 질	증 세
쥐약은 많이 먹으면 위험하다. 이것들은 보통 위험을 알리기 위해서 특별한 색을 가지고 있는데 수의사에게 샘플이나 제품을 가지고 가면 진단에 도움이 된다.	잇몸출혈과 피부가 퍼렇게 변한다.
가정상비약: 아스피린, 안정제, 수면제	식욕부진, 우울증, 비틀거림, 혼수상태.
살충제(메타알데히드)	떨림, 침흘림, 발작, 혼수상태.
부동액	구토, 비틀거림, 경련, 혼수상태.
납 도료	구토, 설사, 복통, 마비.
가정용 세제	피부염증, 구토, 설사, 혀 궤양, 발작.
두꺼비: 개가 두꺼비를 핥기도 하는데 이 놈들 중에는 피부에 독이 있는 놈들도 있다.	홍조, 입과 혀의 부풀음